Jan Eik
Schaurige Geschichten aus Berlin

W0089111

Jan Eik

Schaurige Geschichten aus Berlin

Führer zu den
dunklen Geheimnissen
der Stadt

Jaron

Originalausgabe
1. Auflage 2003
© 2003 Jaron Verlag GmbH, Berlin
Alle Rechte vorbehalten. Jede Verwertung des Werkes und aller seiner Teile ist nur
mit Zustimmung des Verlages erlaubt. Das gilt insbesondere für Vervielfältigungen,
Übersetzungen, Mikroverfilmungen und die Einspeicherung und Verarbeitung in
elektronischen Medien.
Umschlaggestaltung: LVD GmbH, Berlin
Satz und Layout: LVD GmbH, Berlin
Druck und Bindung: Clausen & Bosse, Leck
Printed in Germany
ISBN 3-89773-115-0

Inhalt

Vorwort

Die moderne Weltmetropole Berlin ist eine Stadt voll dunkler Geheimnisse. Es ist kaum zu glauben, was sich auf den Straßen, die man heute ahnungslos entlangeilt, früher alles zugetragen hat. Wir wenden uns dieser guten alten Zeit zu, als es in der Stadt noch »richtich jemietlich zujing«. Versprochen ist ein Ausflug an all die schaurigen Orte der Stadt. Der Leser wird Zeuge der barbarischen Justizausübung vergangener Zeiten und der Unruhen und Katastrophen, die einst das alte Berlin erschütterten, wo leicht zu erregende Bürger und despotische Fürsten, Gerechtigkeitsfanatiker und Antisemiten, Hexen, Huren, Henker, stöhnende Mönche, weiße Frauen, Brandstifter, attentäterische Bürgermeister, pädophile Konditormeister und sich duellierende Polizeipräsidenten zu Hause waren.

Der Verfasser hat wie alle seine Vorgänger mit wachsendem Interesse aus alten und neueren Quellen geschöpft, die er der bildhaften Sprache wegen häufig zitiert. Wundern Sie sich nicht, wenn Sie die eine oder andere Geschichte kennen, in abweichender Fassung lesen oder hören, andere Jahre genannt sind oder Namen unterschiedlich lauten. Für vieles gilt ohnehin der alte Berliner Spruch: »Wer't jloobt, wird selich, wer't nich jloobt, kommt ooch in' Himmel.«

Rund um die Marienkirche

Totentanz und Sühnekreuz

Die Berliner gelten von jeher als ein unruhiges Volk. Dabei waren die eigentlichen Ureinwohner der beiden wendischen Dörfer an der Spreefurt friedliche Fischer. Erst die Zugewanderten brachten die Unruhe in die teils sandige, teils sumpfige Wüstenei der Schwesterstädte Berlin und Cölln. Andererseits: Was wäre aus Berlin (die Insel Cölln immer einbezogen) ohne die Neuankömmlinge aus allen Teilen des Reiches – aus Holland, Frankreich und der Schweiz, aus Polen, Litauen und Böhmen – geworden? Nichts. Nicht einmal eine Millionenstadt – und die war Berlin schon am Ende des 19. Jahrhunderts – reproduziert ihre Einwohnerschaft aus eigenen Ressourcen. Wer weiß heute, dass um 1860 zu den 19 Millionen Preußen auch 2,5 Millionen Einwohner nichtdeutscher Nationalität zählten? Daran mussten sich die Berliner gewöhnen, die den wendischen Ureinwohnern nicht einmal das Bürgerrecht eingeräumt hatten. Bürger konnten nur das städtische deutsche, zum Teil adlige Patriziat und – eine ganze Stufe niedriger – die Handwerksmeister, Kaufleute und andere Besserverdienende werden.

Auf jeden Fall waren die alten Berliner fromm und gottesfürchtig – wenn auch nicht allzu sehr. Fromm genug jedoch, um zu Ehren Gottes hohe Kirchen zu bauen, viel höher als jedes bürgerliche oder adlige Haus und noch dazu vollständig aus Stein, während sie selbst in hölzernen Hütten oder Lehmfachwerkbauten hausten. Von diesen zumindest in hygienischer Hinsicht wahrhaft schaurigen Baulichkeiten ist keine mehr zu finden in der Stadt. Die Kirchen aber stehen noch, soweit sie nicht durch Feuers- oder Kriegsbrunst und Abriss vernichtet wurden, wie mehrfach die cöllnische Petrikirche, über deren einstigen Standort samt Kirchhof sich heute der Verkehr zwischen Mühlendamm und Gertraudenbrücke gleich zehnspurig ergießt.

Fliegende Baumeister und Chorknaben

Die ältesten Berliner Kirchen sind die Nikolai- und die Marienkirche. In der Marienkirche entdeckte man 1860 eine Wandmalerei aus der Pestzeit um 1485, einen 22 Meter langen Totentanz. Seltsamerweise aber erinnern die Berliner Sagen und Geschichten, die sich um das Bauwerk ranken, mit keinem Wort an diesen schaurigen Zug, sondern vielmehr an das unscheinbare Steinkreuz, das noch heute links neben dem Eingang der Kirche steht. Da soll beispielsweise ein braver Dachdecker abgestürzt sein, an den das Kreuz erinnert. Vielleicht dient es aber auch zum Gedenken an den Baumeister, der sich ausgerechnet mit dem Teufel einließ, um diese besonders schöne Kirche zu errichten. Als Beelzebub sich am Tag der Fertigstellung die versprochene Seele des Baumeisters abholen wollte, stand der auf dem Turm und sprach ein Dankgebet. Da verlor der Teufel seine Macht über ihn und stieß ihn voller Wut vom Turm. Ein Windstoß erfasste jedoch den weiten Mantel des Baumeisters, so dass dieser sanft herabschwebte und unverletzt unten ankam. Zum Dank ließ er das Kreuz errichten.

Dieses Kreuz beschäftigte die Berliner in auffälliger Weise. In den vielen Geschichten, die man erfand, um die Errichtung des Kreuzes zu begründen, spielt der Teufelspakt des Baumeisters häufig eine Rolle. So soll der Baumeister nach einer anderen, zumindest in der Einleitung recht realistischen Version die Baugelder beim Kartenspiel verloren und deshalb den Pakt geschlossen haben. Der Teufel gab ihm das Geld unter der Bedingung, dass ein absichtlicher Fehler beim Bau der Gewölbe am Einweihungstag zu deren Zusammensturz führen müsse. Der Baumeister, oberschlau wie manche Leute sich nun einmal dünken, wollte den Teufel übers Ohr hauen und vermied jeden Fehler. Da lauerte Satanas nach der Einweihung hinter dem Kirchenportal auf ihn, griff sich den Wortbrüchigen und drehte ihm den Hals um. Zum Andenken an den getreuen Baumeister stifteten die dankbaren Berliner das Kreuz neben der Tür.

Oder geht es doch gar nicht um den Baumeister? Vielleicht gilt das Kreuz dem Zinkenbläser, der am ersten Sonntag nach der Vollendung der Kirche auf den Turm stieg und dort oben ein Lied zur Ehre Gottes blies. Den Teufel ärgerte das fromme Lied so sehr, dass er den Musikanten vom Turm stieß. Da blähte ein Windstoß dessen Mantel auf ... Den Rest kennen wir schon vom Baumeister.

Von besonderem Einfallsreichtum zeugt die Fassung mit den drei hungrigen Chorknaben, die aus ganz irdischen Gründen auf den Turm stiegen, nämlich um Krähen- oder Dohlennester auszunehmen. Sie legten ein Brett über den Sims der Turmluke, auf dem der eine mit einem Körbchen hinauskroch, während die beiden anderen als Gegengewicht im Turm hockten. Die Eiersammlung muss sich gelohnt haben, denn unversehens gerieten die drei in Streit über die Aufteilung der Beute. Der mutige Eierdieb beanspruchte die Hälfte, die Bretthalter verlangten je ein Drittel, und um ihre Macht und Wichtigkeit zu demonstrieren, sprangen sie vom Brett. Der aushäusige Knabe stürzte samt Brett in die Tiefe, segelte aber dank seines weiten Chorhemdes so sanft zu Boden, dass nicht einmal die Eier im Körbchen Schaden erlitten ...

So viel sei zu den Sagen um das Steinkreuz gesagt. In Wahrheit hatten die alten Berliner mehr zu verstecken, als unter das Mäntelchen eines nesträuberischen Chorknaben passt. Im 14. Jahrhundert dräute ein Kirchenbann über der Stadt, und daran waren deren ach so fromme Bewohner ausnahmsweise selber Schuld. Zwischen den Einwohnern der Doppelstadt und ihren geistlichen Herrn und Hirten bestand nie ein besonders inniges Verhältnis, die Berliner (die Cöllner stillschweigend immer eingeschlossen) hassten »der Pfaffen Gierigkeit und Unkeuschheit« und liefen nicht von ungefähr zweihundert Jahre später spornstreichs zu Luther über.

Propst Nikolaus

Das Ereignis, von dem das schlichte Steinkreuz neben dem Kirchenportal noch heute zeugt, hatte für damalige Verhältnisse einen weltpolitischen Hintergrund. Die Päpste, in jenen Jahren im Babylonischen Exil in Avignon residierend, mischten sich gern in die deutsche Innenpolitik ein und versuchten, Könige und Kaiser nach ihrem Gusto einzusetzen. Jakob de Oza, der sich 1316 selbst zum Papst Johannes XXII. ernannt hatte, wollte Friedrich den Schönen aus dem Hause Österreich zum deutschen König machen, während die deutschen Fürsten und die Bürger in den Städten den späteren Kaiser Ludwig von Bayern als König bevorzugten. Ludwig belehnte nach dem Tod des letzten askanischen Markgrafen Woldemar seinen achtjährigen Sohn Ludwig mit der herrenlosen Mark Brandenburg. Der Heilige Vater hingegen sprach die Mark, die ihm nicht gehörte, dem Herzog Rudolf von Sachsen zu und verbot bei Androhung des Kirchenbanns allen märkischen Untertanen, einen anderen Landesherrn anzunehmen und ihm zu gehorchen. Der Berliner Rat ergab sich 1321 wahrscheinlich nicht ganz freiwillig dem mit den Askaniern verwandten Rudolf, »dem aber ein großer Teil der Bürgerschaft nicht geneigt gewesen zu sein scheint«.

Der Papst beließ es nicht bei drohenden Worten, sondern schickte 1325 den als Königshasser bekannten Bischof Stephan von Lebus zusammen mit Propst Nikolaus Cyriakus von Bernau zum Polenkönig. Den sollten sie dazu überreden, in die Neumark einzufallen, was der brave Katholik prompt tat. Als Propst Nikolaus anschließend seinen Berliner Amtsbruder Propst Eberhard besuchte, war er darauf aus, auch den Berliner Rat im Sinne der Kirche und gegen das markgräfliche Kind Ludwig zu beeinflussen. Derlei Einmischung schätzten die Berliner nicht. Als Nikolaus sich in einer donnernden Predigt in der Marienkirche auch noch drohend für die Zahlung des Peterspfennigs stark machte, lehnte er sich, wie man heute sagen würde, entschieden zu weit aus dem Fenster. Gleich nach der Predigt fielen die aufgebrachten Pfarrkinder mit Knüppeln über ihn her, erschlugen ihn auf der Stelle und verbrannten den Leichnam vor der Kirche auf dem Neuen Markt, wobei die Chronisten sich nicht einig sind, ob Nikolaus wirklich tot war, als der hastig zusammengeraffte Scheiterhaufen in Flammen aufging.

Berlin und Cölln hatten durch den daraufhin vom Magdeburger Erzbischof verhängten Bann »viel Verdrießlichkeit und Kosten zu erleiden«: Die Glocken verstummten und die Kirchen blieben geschlossen, es erfolgten keine Taufen und Eheschließungen, den Sterbenden blieb die Letzte Ölung versagt, Handel und Gewerbe stockten, da auch der Umgang mit den Gebannten verboten war und viele Kaufleute die Städte mieden. Nur die grauen Franziskaner in ihrem Berliner Kloster fügten sich nicht dem erzbischöflichen Interdikt,

»dessen sich die Geistlichkeit, besonders der Bischof von Brandenburg, bediente, die Städte auf schändlichste Art ums Geld zu bringen.« Der Bischof nahm siebenhundertfünfzig Mark Silber als Buße
entgegen. Er ließ dazu alle Bürger einzeln nach Brandenburg ziti-
ren und jeden für die Absolution bezahlen, so dass sich die Sache
bis 1345 hinauszögerte. Die langwierige Prozedur begründete er
mit dem Vorwand, dass eine päpstliche Bulle notwendig wäre, um
die Berliner loszusprechen. Erst nachdem Propst Gerwin zu Bernau
und der Bruder des Erschlagenen, ein Priester zu Neustadt-Ebers-
walde, mit beträchtlichen Summen abgefunden waren, erteilte der
Bischof 1347 endlich die völlige Absolution. Der Vertrag forderte
neben einem Altar in der Marienkirche ein Sühnekreuz von zwölf
Fuß Höhe am Ort der Untat, also etwa an der heutigen Spandauer,
Ecke Karl-Liebknecht-Straße.

Das Kreuz neben dem Kirchenportal misst kaum vier Fuß Höhe.
Man nimmt deshalb an, dass es sich um eine spätere Replik des –
wahrscheinlich hölzernen – Originals handelt, das 1726 der Bebau-
ung der Spandauer Straße weichen musste. Seitdem steht das Steinkreuz auf einem niedrigen Sockel am heutigen Platz, und die Gelehrten streiten sich, wozu die fünf Löcher darin einmal gedient haben
mögen – für ein Kruzifix oder eine ewige Lampe.

Tod eines Lebemanns

Von dem Bann, der die königstreuen Berliner ja ohnehin getroffen
hätte, ließen die sich übrigens nicht allzu heftig beeindrucken. Schon
1364 erregte der Mord am herzoglich sächsischen Geheimschreiber
Conrad Schütz erneut die Geistlichkeit. Der leichtfertige junge Le-
bemann, der mit dem Herzog Rudolf II. und dem bereits erwähnten
Erzbischof von Magdeburg in Berlin weilte, ging eines Tages zum
Krögel, einer Gasse nahe der heutigen Mühlendammschleuse, wo
sich Berlins ältestes Bad mit zwei gewölbten Badestuben befand. Er
sah unterwegs eine schöne Bürgersfrau und forderte sie auf, ihn
zum Bade zu begleiten. Das schien nun ein so außergewöhnlich un-
sittlicher Antrag zu sein, dass sich die Nachricht davon in Windes-

eile in Berlin und Cölln verbreitete. Wutgeschrei erhob sich, die Bürger rotteten sich zusammen und forderten den Tod des frechen Sittenstrolchs. Eilig beugte sich der Rat dem aufwallenden Volkszorn und entsandte seine Diener, um den Verbrecher dem Gericht zu übergeben.

Conrad Schütz fühlte sich unter dem Schutz seines Herzogs sicher und schmauste derweil an dessen Tafel. Roh rissen ihn die Schergen dort weg, um ihn ins Stadtgefängnis zu führen. Den aufgebrachten Bürgern schien das zu umständlich. Ohne Umschweife wurde Schütz zum Neuen Markt geschleppt, wo wenige Minuten später »sein Haupt in den weißen Sand rollte«. »Ich meine ja«, fügt der Chronist hinzu, »das sei eine schöne Ursache gewesen, einem das Leben darum zu nehmen ...«

Diesmal klagte der Erzbischof von Magdeburg ohne Erfolg. Die Berliner fühlten sich stark und im Recht. Schon wenige Jahre später, 1376, misshandelten sie den Priester Nikolaus Hundewerper wegen des unbegründeten Verdachts der Brandstiftung und warfen ihn in Ketten ins Gefängnis, so dass er eine Lähmung des Arms davontrug. Als er endlich dem Bischof von Brandenburg übersandt wurde, schleuderte der abermals den Bann gegen Berlin. Da half alles nichts, der Rat musste den Priester entschädigen. Erst 1391 wurde der Bann von den unbotmäßigen Städten genommen.

Die Hohenzollern und ihr Schlossgespenst

Der Grüne Hut und die Eiserne Jungfrau

Fünfhundert Jahre hat sie in Cölln an der Spree gestanden, die Zwing-
burg der Hohenzollern, deren Geschichte im Jahre 1448 mit einer
vorsätzlichen Flutung der Baugrube begann. Doch nützte aller Aufruhr den Bürgern nichts – wie so oft in der Berliner Geschichte. Kaum
drei Jahre später zog der eiserne Kurfürst Friedrich II. (nicht zu ver-
wechseln mit seinem Nachfahren, dem gleichnamigen und -nomi-
gen preußischen König) auf der Burg ein.

Für die Berliner blieb das Gemäuer die Jahrhunderte hindurch
ein schauerlicher Ort. Viel gemunkelt wurde über den Grünen Hut –
das war ein kleiner Turm mit spitzem, von Grünspan schimmern-
dem Kupferdach. Er war das einzige Überbleibsel der alten Burg
und stand noch bis zum Abriss des Schlosses im Jahre 1950 an der
Spree.

Der Grüne Hut diente bis 1648 als Gefängnis für das angeblich
heimliche Gericht der Hohenzollern, und ganz unten im Turm stand
die Eiserne Jungfrau – eine Frauengestalt aus Eisen, die weit geöff-
neten Arme als Schwerter ausgebildet, der Leib links und rechts mit
Messern versehen. War nun jemand zum Tode verurteilt, so musste
er auf eine steinerne Platte dicht vor die Jungfrau hintreten und sie
küssen. Durch ein Räderwerk schlossen sich die Arme, pressten ihn
gegen die Messer und zerschnitten seinen Körper. Eine Klappe öff-
nete sich, der zerstückelte Leichnam fiel in die Spree und diente
dort den Fischen und Krebsen als Nahrung.

Flusskrebse galten bei Hofe als besondere Delikatesse. Die Jungfrau war denn wohl auch in Wahrheit eine aufklappbare Maschine,
die lediglich zum Peinigen durch quälenden Druck benutzt wurde
und mit Dornen versehen war. Noch 1718 wurde sie im Inventarver-
zeichnis des Gefängnisses im Stadthof vom Magistrat aufgeführt.

Ob der Große Kurfürst, der in seinem Schloss kein Gefängnis dulden wollte und den Grünen Hut 1648 umbauen ließ, die Foltermaschine in der Stadtvogtei unterbrachte, ist nicht bekannt.

Die Weiße Frau – Gräfin von Orlamünde

Noch berüchtigter als die Eiserne Jungfrau war unter den Schaurigkeiten Berlins ein anderes weibliches Wesen, dessen Geschichte mit dem Hohenzollernschloss verbunden ist: die Weiße Frau.

Nach alten Quellen soll es sich bei dieser Dame um die verwitwete Gräfin Agnes (oder Kunigunde) von Orlamünde gehandelt haben, die in Liebe zu dem Nürnberger Burggrafen Albrecht der Schöne entbrannt war, der sich unverständlicherweise von ihr fernhielt. »Gern wollt ich dem schönen Weib mich zuwenden«, soll er geäußert haben, »wenn nicht vier Augen wären« – womit er seine Eltern meinte. Die verliebte Gräfin jedoch bezog den Ausspruch auf ihre beiden Kinder und beschloss, sie zu töten, indem sie ihnen mit einer goldenen Nadel ins Hirn stach. Nach anderen Quellen beauftragte sie ihren gnadenlosen Bediensteten namens Hayder mit dem Mord.

Natürlich wandte sich der Burggraf nun vollends von ihr ab und heiratete eine andere. Viel zu spät bereute die Gräfin ihr scheußliches Verbrechen, trat in das Kloster Himmelkron ein und verbrachte den Rest ihrer Tage mit Bußübungen. Im Kloster bewahrte man bis zum 17. Jahrhundert die Gebeine der dort beigesetzten Kinder auf, bevor sie infolge häufigen Vorzeigens zu zerfallen drohten und vom Stiftsprediger Raspius in einer steinernen Truhe bestattet wurden. Kein Wunder, dass die Mörderin nicht einmal nach ihrem Tode Ruhe fand und »als weiße Frau umgehen muss, bis ihre Zeit erfüllt ist«.

Ob tatsächlich Streitigkeiten zwischen den fränkischen Hohenzollern und ihren weitläufig verwandten Grenznachbarn von Orlamünde geherrscht haben, ist mit Gewissheit ebenso wenig ermittelt worden wie die Identität der 1701 in der Truhe aufgefundenen Kindergebeine. Die Hohenzollern wollten keinen Fleck auf der Weste ihres Urahns dulden und behinderten entsprechende Forschungen. Fest steht, dass Otto und Kunigunde von Orlamünde für den Fall, dass sie ohne Erben stürben, ihre Herrschaft dem Stammvater aller märkischen und preußischen Hohenzollern, dem Burggrafen von Nürnberg vermacht hatten.

Im Übrigen muss die Gräfin von Orlamünde zumindest nach ihrem Tode eine reiselustige Frau gewesen sein, die den beschwerlichen Weg aus dem Fränkischen bis nach Berlin wählte, um sich rund neunzig Jahre nach dem Tod ihres Angebeteten ausgerechnet im neu errichteten Schloss von zwei seiner zahlreichen Urgroßneffen festzusetzen. Auf Friedrich II., der Eiserne oder Eisenzahn genannt, folgte nämlich sein Bruder Albrecht Achilles als brandenburgischer Kurfürst.

Die Weiße Frau – die schöne Gießerin

Wo das Gespenst sich zwischen 1361 und 1451 aufgehalten haben mag, ist ungewiss; bezeugt ist das Auftreten der Weißen Frau ohnehin erst seit 1598. Da allerdings war sich alle Welt sicher, dass es sich nicht um die längst vergessene Gräfin von Orlamünde handelte, sondern um die schöne Gießerin Anna Sydow, Witwe des Artilleriehauptmanns und Stückgießers Matthias Dieterich aus Burgund, die langjährige Favoritin des Kurfürsten Joachim II., der sie mehr liebte »als alle seine anderen Gespielinnen, von seiner angetrauten Ehefrau gar nicht zu reden«. Er hatte sogar zwei Frauen, die ihm elf Kinder schenkten. Kein Wunder, dass der Mann sich mit dem Namen Hektor schmückte.

Joachim Hektor, der besser der Verschwender geheißen hätte, herrschte immerhin 36 Jahre lang (1535–1571) von Cölln aus über Brandenburg und war in erster Ehe mit Magdalena von Sachsen verheiratet. Seine zweite Frau war die polnische Prinzessin Hedwig die Züchtige, die ihren Beinamen einem bedauerlichen Unfall im Jagdschloss Grimnitz verdankte, wo sie durch den morschen Fußboden gebrochen war und sich an einem darunter hängenden Hirschgeweih am Unterleib schwer verletzt hatte. Joachim schenkte seine Gunst allerdings schon lange vorher der Anna Sydow, die am ausschweifenden kurfürstlichen Hof den Ton angab. Sie begleitete Joachim auf allen Reisen und Jagden und spielte auch sonst gern die Landesmutter.

Mindestens zwei Kinder gingen aus dieser Verbindung hervor. Der Tochter Magdalena von Brandenburg verlieh der Vater den Titel einer Gräfin von Arneburg und sorgte sich sehr um ihre Aussteuer. Sie war keineswegs die erste unehelich geborene »von Brandenburg«; schon Kurfürst Friedrich II. hatte einen Sohn Erasmus von Brandenburg hinterlassen, der zum kurfürstlichen Rat und Propst von Berlin aufstieg, und Hektors Vater Joachim Nestor vermehrte seine Nachkommenschaft um den kurfürstlichen Konsistorialrat Achaz von Brandenburg. Joachim Nestor habe sich – und offensichtlich nicht ungern – »mit andern Weibern beholfen, da er seine Gemahlin wegen der angenommenen Lutherschen Religion verstoßen«. In Wahrheit war ihm Elisabeth von Dänemark schlicht weggelaufen, und der gemeinsame Sohn Joachim Hektor trat 1539 entgegen seinem, dem frommen und fruchtbaren Vater geleisteten, feierlichen Eid ebenfalls zum Luthertum über.

Ohnehin war ja ein Hohenzoller – Joachim Nestors Bruder Albrecht II. nämlich – Schuld an der Reformation. Der hatte sich bereits als 24-Jähriger zum jüngsten Erzbischof von Magdeburg und Kurfürsten von Mainz emporgekauft. Die Augsburger Fugger liehen ihm das Geld dafür. Damit er es zurückzahlen konnte, privilegierte der Papst den Erzbischof Albrecht zum Ablasshandel, aber nur unter der Bedingung, dass die Hälfte der Einnahmen für den Bau des Petersdoms nach Rom flossen. Der nicht sonderlich fromme Erzbischof holte den wegen Ehebruchs zum Tode durch Ersäufen verurteilten und vom Sachsenherzog zu ewiger Haft begnadigten Dominikaner Tetzel aus dem Grimmaischen Turm zu Leipzig und ernannte ihn zum »Untersuchungsrichter der ketzerischen Entstellungen« und zu seinem obersten Ablasskrämer. War es ein Wunder, dass sich der Doktor Luther in Wittenberg gegen Tetzels freches Gebaren empörte und die halbe Christenheit aufschrie? Erzbischof Albrechts und Joachim Nestors Vetter Markgraf Albrecht I., letzter und jüngster Hochmeister des Deutschritterordens, war 1525 der erste Herrscher, der die neue Religion in seinem frisch gewonnenen Herzogtum Preußen zur Staatsreligion machte.

Im Übrigen war Joachim Hektor bei aller Verschwendungssucht kein ganz übler Kerl. Immerhin führte er angeblich das Baden in Berlin ein, verbesserte das Kammergericht und trug durch seine Mitbelehnung mit dem Herzogtum Preußen zur späteren Macht und Größe Brandenburg-Preußens bei.

Er kümmerte sich außerdem um seine uneheliche Tochter Magdalena und um die drei Kinder der Anna Sydow aus deren erster Ehe. Mit Recht misstraute er diesbezüglich seinem ältesten Sohn Johann Georg. Am Sonnabend nach Pfingsten 1561 ließ er ihn in Zechlin eine Urkunde ausstellen, in der Johann Georg Folgendes versicherte:

»Unsre liebe getreue Anna Sydows ... jederzeit schützen handhaben und vertheidigen ... Wir nehmen sie samt Kindern Haab und Gütern in Unsern sonderlichen Schutz, und versprechen auch alles wie obstehet, und Wir solches Unserm Herrn und Vater mit Hand und Mund angelobet haben ...«

Kaum aber war der Herr und Vater nach einer Wolfsjagd in der Nacht zum 3. Januar 1571 im Jagdschloss Köpenick verblichen, ließ der wortbrüchige Sohn die Sydow verhaften, aller ihrer Güter und Kleinodien berauben und auf die Festung Spandau bringen, »wo sie bis an ihren Tod (im Jahre 1775) sehr hart gehalten worden sein soll«.

Die durch Joachims Prunksucht und Mätressenwirtschaft völlig verarmtem Landeskinder sahen darin eine durchaus gerechte Strafe. Neben dem kurfürstlichen Münzjuden Lippold war ihnen die schöne Gießerin am meisten verhasst. Auch aus der glänzenden Aussteuer der Tochter Magdalena, die mit einem Grafen von Eberstein verlobt war, wurde nichts. Johann Georg fragte seinen letzten, verkrüppelten Schreiber Andreas Kohl mit herbem Spott: »Willst du mein Schwager werden?« Der lehnte nicht ab. Nach Kohls Tod lebte die kurfürstliche Halbschwester als bürgerliche Witwe in Berlin.

So sehr das Volk die Gießerin verabscheute, verknüpfte es ihr Schicksal dennoch mit der Sage von der Weißen Frau, die seit Jahrhunderten im Schloss zu Cölln umgeht und sich vor jedem Todesfall in der Hohenzollernfamilie zeigt. Lange Zeit eine berühmte Schönheit, avancierte Anna Sydow 23 Jahre nach ihrem Tode zum berühmtesten Gespenst Berlins und Brandenburg-Preußens. Sie fände, so behauptete der Volksglaube, in Spandau keine Ruhe, ja sie sei in Wahrheit im Jagdschloss Grunewald unter der Treppe eingemauert worden. Selbst in einem Privatgebäude in Charlottenburg ginge sie um, man bemerke dann im Trauerzimmer eine sanfte Erschütterung, die silbernen Wände würden von einer unsichtbaren Macht in einer lebhaften hellgrünen Farbe erleuchtet, süße harmonische Töne vermischten sich zu einer fröhlichen Melodie ...

Die Weiße Frau war kein fürchterliches Gespenst. Stumm erfüllte sie die ihr vom Schicksal zugedachte Aufgabe, die Todesbotin der Hohenzollern zu sein, schwebte lautlos dahin und grüßte mit einem kaum merklichen Neigen des Hauptes. Sie trug ein langes weißes oder sandfarbenes Gewand und eine weiße Haube mit einem langen, zurückgeschlagenen Witwenschleier aus zarten Spinnweben. Nur wenn man sie durch frechen Übermut reizte, wurde sie zornig.

Zum ersten Mal zeigte sie sich 1598 acht Tage vor dem Tod des 73-jährigen Johann Georg, dem Anna Sydow ihr bitteres Ende verdankte. Kurfürst Johann Georg war der fruchtbarste aller Hohenzollernherrscher, deren zwanzig es auf immerhin 165 anerkannte Nachkommen brachten. Das letzte von Johann Georgs 23 Kindern wurde erst nach dessen Tod geboren.

Auch vor dem Tod von Johann Georgs Enkel, dem abergläubischen Kurfürsten Johann Sigismund, geisterte das Gespenst herum: »Dies, der Wein und dunkle Gedanken veranlassten den Zermürbten, die Regierung seinem Ältesten zu übergeben und das bessere Jenseits aufzusuchen ...« Es half nicht, dass Johann Sigismund aus Furcht vor der Weißen Frau ins Haus seines Kämmerers Anton Freytag an der Langen Brücke zog, er hatte nur noch sechs Wochen zu leben.

Die Weiße Frau wird aktenkundig

Mit der Leichenrede des Dompredigers Berger von 1619 geriet das Gespenst in die schriftlichen Annalen des Hauses Hohenzollern:

»Es hat sich die Weiße Frau in leidtragender Gestalt auf dem Churfürstlichen Schlosse sehen lassen vor Personen allerhand Standes und Alters, daß also an ihrer Erscheinung nicht zu zweifeln ist.«

Aus dem 17. Jahrhundert stammen die meisten Meldungen über das Gespenst, das sich häufig zeigte, gewöhnlich jedoch anständig und ruhig benahm. Nur einmal wurde die Weiße Frau wütend. Ein hoher Cavalier erzählte, dass er bei Ihrer kurfürstlichen Durchlaucht einstmals wegen wichtiger Affären ziemlich spät im Gemach gewesen, da kam das Weiße Weib in Gestalt einer Beschließerin über den Saal gegangen. Sein Page, aller Warnungen ungeachtet, sei ihr nachgelaufen und habe sie angefasst mit den Worten: »Mutter, wo wollt Ihr hin?« Der Vorwitzige bekam mit dem Schlüssel einen solchen Schlag an die Ohren, dass er bewusstlos zu Boden stürzte, während das Gespenst über ihn hinwegschritt. Zitternd wagten sich die anderen hervor und trugen den Pagen in seine Kammer, wo er trotz ärztlicher Bemühungen am dritten Tag nach dem bösen Ereignis den Geist aufgab. Man darf den Satan nicht reizen, schlussfolgerten die Beteiligten, und so flüchteten alle, wenn im Schloss nur entfernt etwas Weißes aufschimmerte.

Einem schwachen Vater folgt mitunter der noch schwächere Sohn: Johann Sigismunds Sohn Georg Wilhelm war schon bei seiner Huldigung mit 24 Jahren ein kranker Mann, der an schwerer Wassersucht, der hohenzollernschen Erbkrankheit, litt. Er starb 1640 mit nur 45 Jahren, angeblich von seinem eigenen Kanzler Schwarzenberg vergiftet. Der schwache Georg Wilhelm hatte eine sehr harte und herrschsüchtige Mutter: Anna von Preußen, die älteste der fünf Töchter von Herzog Albrecht Friedrich dem Blödsinnigen. Sie brachte den ohnehin nahe verwandten Hohenzollern immerhin das spätere Königreich Preußen als Morgengabe mit und war bis zu ihrem Tod 1625 die wahre Herrscherin in Berlin. Ihre jüngere Schwester Eleonore hatte – um den Stammbaum des Hauses Hohenzollern noch unübersichtlicher zu gestalten – Johann Sigismunds Vater Joachim Friedrich (Annas Schwiegervater sozusagen) geheiratet, starb aber bald darauf.

Kaum fünfzig Jahre nach Anna von Preußens Tod zog ein anderer weiblicher Drache ins Berliner Schloss ein: die ebenso gescheite wie ehrgeizige und rachsüchtige zweite Gemahlin des blatternarbigen Großen Kurfürsten Friedrich Wilhelm. Sie war eine verwitwete Herzogin von Braunschweig-Lüneburg, die man wegen verschiedener unerwarteter Todesfälle und Koliken in der Herrscherfamilie für eine

Giftmischerin hielt und als Schwarze Dorothea in die Geschichte einging. Immerhin starben plötzlich und unerwartet zwei Kurprinzen, und der dritte, überraschend zum Kronprinzen aufgestiegen, hielt sich nach einer höchst unbekömmlichen Tasse Kaffee vorsichtshalber von ihr fern. Dafür stand ihm am Ende seiner Tage noch eine besonders eindrucksvolle Begegnung mit der Weißen Frau bevor.

Ein mutiger Hohenzoller

Vorher aber wollte der Oberkämmerer und Saufkumpan des Großen Kurfürsten, Oberst Curt von Burgsdorff, ein trinkfester Mann von unbändiger Stärke, das schleierumwogte Hausgespenst endlich einmal mit eigenen Augen sehen. Er würde ihm schon Bescheid stoßen!

Angeblich einige Nächte vor dem Tod der kurfürstlichen Mutter Elisabeth Charlotte begegnete Burgsdorff, nachdem er den Kurfürsten zu Bette geleitet hatte, auf einer kleinen Treppe wunschgemäß der Weißen Frau. Der erschrockene Oberst fasste sich und rief mit kerndeutsch-adligem Charme: »Du alte sakramentarische Hure du, hast du noch nicht genug Fürstenblut gesoffen? Willst du noch mehr haben?« und stürmte auf die zarte Gestalt ein. Die aber packte ihn mit unerwarteter Kraft am Kragen und warf ihn die Treppe hinunter. Der Kurfürst hörte es poltern, schickte jedoch vorsichtshalber nur den Kammerpagen hinaus, der dem zerschundenen Oberst auf die Beine half. So mutig waren die Hohenzollern, wenn es darauf ankam.

Die Geschichte ist in verschiedenen Versionen und Datierungen überliefert und wird mitunter Burgsdorffs Bruder, dem Oberstallmeister Ehrenreich von Burgsdorff, zugeschrieben, der ein gleichermaßen großer Saufaus war wie Curt. Letzterer hatte bei einer Hochzeit 24 Maß Wein getrunken. Später vertrieb ihn die Schwarze Dorothea von der Seite des Großen Kurfürsten.

1667, ein Jahr nach dem Tod der kurfürstlichen Mutter, bemerkte Dorotheas Vorgängerin Luise Henriette von Oranien – die erste Frau des Großen Kurfürsten, nach der die Stadt Oranienburg im Norden

Berlins benannt ist – die weiße Gestalt im Sessel vor ihrem Schreib-
tisch. Acht Tage später war die Kurfürstin tot. Auch vor Friedrich
Wilhelms Tod trat die Weiße Frau in Erscheinung. Diesmal zeigte sie
sich dem Hofprediger Brunsenius am helllichten Tag.

Der Schiefe Fritz und die Mecklenburgische Venus

Gelegentlich wird Burgsdorffs Abenteuer mit dem Sohn des Großen
Kurfürsten, Preußens erstem König Friedrich I., in Zusammenhang
gebracht. Der Schiefe Fritz, wie er auch genannt wurde, war ein stil-
les, verwachsenes und dementsprechend gehemmtes Kind mit gro-
ßem Kopf und auffallend großer Nase. Als Dreißigjähriger trat er
1688 die Nachfolge seines berühmten Vaters an, krönte sich dreizehn Jahre später in Königsberg selbst zum König von Preußen und
starb 1713.

    Friedrich war ein leichtgläubiger Fürst: Er glaubte nicht nur an
Geister wie die Weiße Frau, sondern auch an die Weismachungen des
Goldmachers Caetano, der ihn so lange an der großen Nase herum-
führte, bis Kronprinz Friedrich Wilhelm I. den Betrüger in einem
Mäntelchen aus Goldpapier hängen ließ.

    Im Jahre 1709 ließ Friedrich I. die Burg zu einem barocken Schloss
umbauen. Dabei fand sich in den Mauer- und Feldsteinfundamen-
ten der früheren Burg ein eingemauertes schneeweißes weibliches
Skelett, von dem Friedrich wie alle anderen glaubte, es sei das der
Weißen Frau. Er ließ die Gebeine auf dem Domfriedhof beisetzen
und war überzeugt, er habe durch das christliche Begräbnis das Gespenst endlich zur Ruhe gebracht. Diese Gewissheit brachte ihm sü-
ßen Trost, doch sollte sich bald nach der Geburt und der Taufe seines Enkels Friedrich im Januar 1712 herausstellen, dass er sich irrte.
Der kleine, neugeborene Friedrich, den die Welt einmal als den Großen kennen lernen sollte, war bereits der dritte Enkel, auf den Preußens erster König seine Hoffnungen setzte. Mit der Kinderpflege ha-
perte es im Berliner Schloss offensichtlich. Der erste Thronfolger

überlebte den Lärm der Kanonenschüsse bei seiner Taufe nicht, einem zweiten zerdrückte bei gleicher Gelegenheit die überschwere Goldkrone das Köpfchen. Reichlich Kummer also für den selbst von mannigfaltigen Leiden geplagten Monarchen.

Eines Nachmittags nun ruhte Friedrich I. schlummernd in seinem Armsessel, als ihn eine grauenhafte Erscheinung aus dem Schlaf riss. Vor ihm stand eine hohe weiße Gestalt mit wild herabhängenden Haaren, die blutigen nackten Arme und Hände gen Himmel gereckt. Das Weib starrte ihn mit irren Augen an, aus denen der Wahnsinn glühte, und warf sich mit Zetergeheul auf ihn. Schreiend überhäufte sie ihn so lange mit Vorwürfen über sein lasterhaftes Leben, bis ihn eine gnädige Ohnmacht erlöste.

Der Schreck, so wird berichtet, verschlimmerte die Krankheit des 55-jährigen Monarchen. Er wurde zu Bett gebracht und verließ es nicht wieder. »Ich habe die Weiße Frau gesehen, ich werde nicht wieder besser werden!«, klagte er. Seine Krankheit dauerte sechs Wochen. Er fühlte, dass sie tödlich war, und obwohl man es ihm beteuerte, glaubte er nicht, dass jene grauenhafte Erscheinung niemand anders gewesen war als seine eigene Gemahlin Sophie Luise.

Mit der Prinzessin von Mecklenburg-Schwerin, die Mecklenburgische Venus genannt, war Friedrich seit 1708 in dritter Ehe verheiratet. Die 24-jährige Prinzessin galt keineswegs als besonders sittenstreng, wurde angesichts ihres Ehemanns jedoch zur unerbittlichen Lutheranerin, die sich in Andächtelei vertiefte, »bis endlich über dem Grübeln ihr Verstand sich verwirrte, ihre Vernunft zerrüttet ward«. An jenem Tage nun war die Geisteskranke der Bewachung und ihren Hofdamen entkommen, durch eine verschlossene Glastür zu ihrem entsetzten Gemahl vorgedrungen und hatte ihn im wahrsten Sinne des Wortes zu Tode erschreckt.

Friedrich I. benannte zwei Berliner Stadtteile nach seinen Gemahlinnen: Zu Ehren von Sophie Charlotte trägt Charlottenburg seinen Namen; die nördliche Vorstadt sollte nach der Mecklenburgischen Venus Sophienvorstadt genannt werden. Sophie Charlottes Sohn Friedrich Wilhelm I., Preußens prügelnder Soldatenkönig, setzte jedoch durch, dass es bei der Spandauer Vorstadt blieb. Die Spandauische Kirche in der Sophienstraße aber heißt noch heute Sophienkirche.

In Sachen Weiße Frau bewies der unrühmlich bekannte Soldatenkönig allerdings einigen Realitätssinn. Er erwischte das Gespenst
beim Hemdzipfel und prügelte es mit seinem Knotenstock unbarm-
herzig durch. Er hatte genau den Richtigen ertappt: einen dreisten
Grenadier, der in dieser Verkleidung ungestört zu seiner Angebeteten im Flügel der Hofdamen schweben wollte.

Das Ende der Weißen Frau

Danach blieb es lange still um die Weiße Frau. 1786, vor dem Tod
des Alten Fritz, und elf Jahre später, vor dem seines Neffen Friedrich
Wilhelm II., soll sie angeblich aufgetaucht sein. Aber erst 1840, als
Friedrich Wilhelm III. in seinem 43. Regierungsjahr erkrankte, fiel
das Erscheinen des treuen Schlossgeistes wieder stark ins Gewicht,
erinnerte es doch an die traurige Bedeutung des Jahres 40 in der
Geschichte der Hohenzollern: 1440, 1640 und 1740 waren die je-
weils regierenden Herrscher gestorben. Nun erwischte es also Friedrich Wilhelm III., den farblos-nüchternen »zweiten Soldatenkönig«,
einen mittelmäßigen, eher bürgerlichen Menschen. »Unser Dämel
sitzt in Memel«, hatten die Berliner 1806 nach der Flucht des Königs-
paars vor Napoleon gelästert. Friedrich Wilhelm III. wurde an der
Seite der hochverehrten Königin Luise (gestorben 1819; auch nach
ihr heißt ein vom Stadtplan verschwundener Stadtteil in Mitte und
Kreuzberg) beigesetzt. Dabei war er seit 1824 in morganatischer
Ehe mit der katholischen Gräfin Auguste von Harrach verheiratet.
　　Auf den Thron folgte ihm sein dicklicher, kurzsichtiger und angesichts der anwachsenden revolutionären Bestrebungen völlig hilf-
loser Sohn Friedrich Wilhelm IV., bei dem die Ärzte 1857 eine Geis-
teskrankheit diagnostizierten. So gelangte 1858 dessen Bruder, der
Kartätschenprinz Wilhelm I., an die Macht.
　　Von der Weißen Frau war nur noch in der Überlieferung die Rede.
Im Mai 1940 soll sie ein letztes Mal umgegangen sein und die Nazis
erschreckt haben. Wilhelm II. starb ein Jahr später im niederländi-
schen Doorn.
　　Bald sank auch das Schloss in Trümmer, und ein Leipziger Tischler-

geselle erteilte den Befehl zum endgültigen Abriss. Ob Ulbricht außer seiner Lotte noch ein weiteres Gespenst begegnet ist, wenn er auf der Tribüne am Spreeufer die Grüße der jubelnden Massen entgegennahm, ist nicht überliefert. Im so genannten Spreekeller hinter und unter dieser Tribüne, die sich lange Jahre an der Stelle des Schloss-Spreeflügels erhob, wurde jedenfalls keines gesichtet. In dem bei Tag und Nacht hell erleuchteten Lampenpalast war es wohl endgültig vorbei mit den guten wie den bösen Geistern, spätestens die Asbestsanierung haben sie nicht überlebt.

Die Keller auf dem Schlossplatz wurden ausgegraben, doch man fand weder die vermissten Sarkophage der ersten Hohenzollern noch eine Spur der Weißen Frau. Selbst in den noch vorhandenen Tropfsteingewölben unter dem einstigen Kaiser-Wilhelm-Denkmal direkt am Spreekanal mag es unheimlich sein – Hohenzollerngespenster gehen dort nicht um.

Aufruhr, Brände und andere Katastrophen

Der Berliner Unwillen

Die Quellenlage über die ersten Jahrhunderte Berliner Geschichte ist schlecht; nicht einmal die Gründungsurkunde haben die alten Berliner mit Sorgfalt aufbewahrt.

Schuld daran sind vor allem die immer wieder auftretenden Brände im ausgehenden Mittelalter, die selbst die steinernen Kirchen nicht verschonen.

Im Jahre 1376 brannte ein großer Teil von Berlin nebst einem Teil des Rathauses, der Nikolai- und der Marienkirche ab. Wie wir bereits wissen, war der Prediger Hundewerper daran unschuldig. Auch bei dem verheerenden Feuer am 10. August 1380 meinte man den Brandstifter zu kennen: den Ritter Erich Valke von der Lietzenitz auf Saarmund.

Es war der schwerste Brand in der Stadtgeschichte, und als man Valke zehn Jahre später endlich fing, tötete man ihn sofort. Damit nicht genug, machte man dem Toten dennoch formal den Prozess. Sein abgeschlagenes Haupt wurde auf dem Oderberger Tor ausgestellt.

Zur Zeit der ersten Hohenzollern verschärfte sich der Widerspruch zwischen den die Städte beherrschenden Patriziern, dem »borgermeister und seinen ratmannen«, und den Handwerkern, die endlich an der städtischen Selbstverwaltung beteiligt sein wollten. Die Situation gipfelte schließlich im so genannten Berliner Unwillen von 1447/48.

Bereits 1442 hatten die Handwerker »ihren« Kurfürsten Friedrich Eisenzahn um Hilfe gebeten, was dem gerade recht gekommen war. Er hatte die Privilegien der Städte Berlin und Cölln ohnehin beschneiden wollen. Nun löste er kurzerhand die Verwaltung auf und ließ sich die Schlüssel der Stadttore aushändigen. Dann setzte er einen neuen Rat ein, in dem die Handwerker wesentlich vertreten waren. Dafür schränkte er die Rechte der Städte ein und forderte einen Bauplatz für die kurfürstliche Burg, zu der er am 31. Juli 1443 an der nördlichen Stadtbefestigung von Cölln den Grundstein legte. Doch während Friedrich in Pommern Krieg führte und ihn verlor, vereinigten sich Berlin und Cölln, zum Widerstand entschlossen. 1447/48 kam es zum bewaffneten Aufstand gegen den Kurfürsten. Die Bürger öffneten im Februar 1448 die Wehre des Mühlendamms und überschwemmten das kurfürstliche Baugelände. Sie entwaffneten Friedrichs Söldner, vertrieben seine Zöllner und Mühlenmeister und plünderten die kurfürstliche Kanzlei im Hohen Haus an der Klosterstraße.

Friedrich Eisenzahn machte seinem Namen alle Ehre. Er zog mit einer fränkischen Streitmacht heran, und sechshundert Mann zu Pferde besetzten die Stadt. Sodann erhob er Klage gegen die aufrührerischen Städter, insbesondere gegen einzelne Bürger aus der Oberschicht. Es hagelte Verbannungsurteile; unzählige Enteignungen und Geldbußen wurden gerichtlich festgelegt. Aus den freien Stadtbürgern waren unversehens kurfürstliche Untertanen geworden. Zum Zeichen dafür erhielt der Bär im Stadtsiegel, über dem nun der Adler hockte, ein Halsband. Drei Jahre später bezog der siegreiche Kurfürst 1451 seine Residenz zu Cölln.

Ereignisse dieser Art verzeichnet die Berliner Stadtchronik nicht eben häufig. Meist gibt es nur eher lapidare Einträge wie die Aufführung der verschiedenen Brände. So heißt es beispielsweise: »Anno 1484 ist das Rathaus zu Berlin zum andern mahl abgebrannd ...«

Auch am 7. November 1581 brannte das Rathaus bis auf die Umfassungsmauern nieder. Es stand übrigens schon am gleichen Ort, an dem sich heute das Rote Rathaus erhebt, an der Spandauer, Ecke Oderberger Straße. Letztere hieß später König- und heißt heute Rathausstraße. Das Cöllnische Rathaus hingegen schloss den cöllnischen Fischmarkt ab und ist ebenso wie der Standort der immer wieder abgebrannten Petrikirche längst mit der überbreiten Gertraudenstraße überbaut worden.

Der Calvinistentumult in Cölln

Ein gewichtiges Ereignis ist zu Beginn des 17. Jahrhunderts verzeichnet. Im Jahre 1615 brachte der Calvinistentumult ganz Cölln in Aufruhr. Zu Weihnachten 1613 war der Kurfürst Johann Sigismund, der seit 1608 residierte, zum reformierten calvinistischen Glauben übergetreten, während seine Frau Anna von Preußen und Jülich-Cleve-Berg (1576–1625) und ein Teil der Geistlichkeit am Luthertum festhielten, das seit 1525 in Preußen und seit 1539 auch in Brandenburg Staatsreligion war. Die herrschsüchtige Anna war die älteste Tochter des schwachsinnigen Hohenzollernherzogs Albrecht Friedrich.

Die unübersichtlichen Familienbande der Hohenzollern wurden zwar an früherer Stelle bereits angedeutet, sollen hier aber zum besseren Verständnis der folgenden Ereignisse noch einmal erläutert werden.

Albrecht Friedrich stand dem von seinem Vater Albrecht I. begründeten Herzogtum fünfzig Jahre lang (1568–1618) vor. Selbst in offiziellen Dokumenten wird er »unser gnädiger blöder Herr« genannt. Seine Tochter Anna war seit Dezember 1591 mit dem brandenburgischen Kurprinzen verlobt. 1594 heiratete das Paar in der preußischen Hauptstadt Königsberg. Einige Jahre später wurde Kurprinz Johann Sigismund durch die zweite Ehe seines Vaters mit Annas Schwester Eleonore dessen Schwager. Trotz dieser genialen Hochzeitspolitik der Hohenzollern gab es mit Kaiser Rudolf II., dem Haupt der Gegenreformation, ständige Erbstreitigkeiten um das katholische Jülich-Cleve und um die calvinistische Pfalz.

Die Berliner waren offensichtlich nicht so leicht von ihrem neu gewonnenen lutherischen Glauben abzubringen. Im März und April 1615 kam es in ganz Cölln zwischen dem Schloss und der Petrikirche zur gewaltsamen Konfrontation zwischen den Lutheranern und den Calvinisten. Der Diakon Stüler hielt eine anticalvinistische und damit gegen den Landesherrn gerichtete Predigt und floh anschließend vorsichtshalber. Am traditionellen blauen Montag, auf dessen Einhaltung die Berliner Handwerksgesellen größten Wert legten, versammelten sie sich zusammen mit etlichen Landsknechten vor der Petrikirche und zogen am Abend bewaffnet in die Brüderstraße.

Die ersten Schüsse fielen, die Glocken läuteten Sturm. Vor dem Schloss wurde der Statthalter des Kurfürsten, der Markgraf von Brandenburg-Jägerndorf, als Hurensohn beschimpft und bei Handgreiflichkeiten verletzt. Am nächsten Tag waren die Rädelsführer geflohen.

Nach langen Verhandlungen akzeptierten die Parteien das vom Leipziger Schöppenstuhl abgesegnete Urteil, das einen Kompromiss darstellte. Den Cöllnern und Berlinern blieb die Religionsfreiheit erhalten.

Auch für die märkischen Städte begann bald eine unruhige und blutige Zeit: Im Dreißigjährigen Krieg kam es im April 1627 in der Jüdenstraße zum offenen Aufruhr gegen die befohlene Einquartierung, und im September 1629 wurden die kaiserlichen Truppen bei ihrem Durchzug vom Gertrauden- zum Georgentor verhöhnt und beschimpft; geraubte Pferde nahm man den Reitern unter dem Sattel weg.

Feuer und Wasser

Mehrere verheerende Brände ließen die Stadt auch nach Mitte des 17. Jahrhunderts nicht zur Ruhe kommen. 1650 wurde wieder einmal die »Spitze der Marienkirche durch einen Blitzstrahl angezündet«, nachdem sie bereits am Sankt Burckhardtsabend 1514 »durch Verwarlosung des Küsters, der den Zeiger geschmieret, und das Licht daran geklebet, abgebrannt« war. Die Gotteshäuser mit ihren hohen, zum Teil hölzernen Turmaufbauten bildeten vor allem in den Sommermonaten eine große Brandgefahr. In den Turm der Marienkirche schlug der Blitz noch etliche Male ein, 1706 löschte er dabei an der Uhr die Ziffer sieben aus.

1678 »entstund eine große Feuer-Brunst auf dem Berlinischen Fischmarckt«:

»Anno 1690, den 12. August um 10 Uhr Vormittags, entstund durch Verwarlosung des Feuers, in Meister Lysen, eines Seilers Hauß auf dem Molcken-Marckt eine solche Feuers-Brunst, daß nicht allein dieses Hauß verbrannte.«

Der Chronist Jakob Schmidt, der es mit der Chronologie der Ereignisse nicht sonderlich genau nahm, überlieferte uns die lyrischen Ergüsse, mit denen die Berliner derartige Schicksalsschläge kommentierten. So lautete die »Überschrift über die Brandstätte«:

> Ich war vor kurtzer Zeit ein Wohnhaus vieler Seelen,
> Ich bin die Brandstät itzt durch eine heisse Nacht;
> Denn als ein Feuer mich beschlich aus meinen Hölen,
> Hab ich sie, wie mich selbst, zu Aschen hier gemacht.

Über »die aus dem Fenster sich stürzenden zwey Frauens Personen« lauten die mitfühlenden Verse:

> Wir waren *Icarus* durch unsern kühnen Flug;
> Allein viel glücklicher zu meyden den Betrug.
> Wir flohen aus der Gluth, er aber in die Gluth,
> Wir fielen auf das Land, er aber in die Fluth.

Schmidt weiß auch von allerlei anderem Ungemach zu erzählen, an dem mitunter die Neugier der Berliner nicht schuldlos war. Bei der Cavalier-Brücke, die von der Burgstraße zum Schloss führt (die heutige Friedrichsbrücke), »trug sich unter wärenden Freuden, dieser traurige *Casus* zu«: Im Juli 1709 hatte der Russische Gesandte »wegen der großen *Victorie* seines hohen *Prinzipalen* des Groß-Tzars bei Pultawa« – der Sieg Peter des Großen über die Schweden – »ein prächtiges Fest angestellet, dabey man 2 Abende seinen Pallast mit allerhand sinnreichen *Inventionen* und Sieges-Zeichen vortrefflich *illuminiret* gesehen, welches denn viele Zuschauer herzu gelocket.« Eine zu große Menschenmenge postierte sich auf der Brücke, um das Feuerwerk auf dem Wasser anzusehen, so dass die Zugbrücke zerbrach und über vierzig Personen in die Spree fielen. Man barg achtzehn Leichen. »Die übrigen«, berichtet Schmidt, »sind zwar noch lebendig gerettet, aber die meisten sind bald darauf gestorben.«

Wie man sieht, hat auch die Spree ihre schaurigen Tücken. Am 20. Februar 1670 beispielsweise nahm das Hochwasser vor dem Stralauer Tor die Brücke mit Schleuse und Schlagbaum weg.

Der zersprungene Pulverturm

Einen breiten Raum nimmt in Schmidts Sammlungen »Berlinischer Merck- und Denckwürdigkeiten« der zersprungene Pulverturm ein – eine Katastrophe von beachtlichen Ausmaßen. Berlin war zu Beginn des 18. Jahrhunderts eine Garnisonstadt mit über viertausend Mann Militär. Obwohl nach dem Dreißigjährigen Krieg ausgedehnte Stadtbefestigungen um Berlin, Cölln und den Friedrichswerder herum errichtet worden waren, deren Spuren noch heute im Berliner Stadtbild zu finden sind, standen auch noch immer Teile der ältesten Befestigungsanlagen von Cölln und Berlin. So wurden die beiden Türme der nördlichen alten Stadtmauer aus dem 13. Jahrhundert (einer in der Burgstraße an der Spree und der andere in der Gegend des Spandauer Tores) als Pulvertürme genutzt. Das Spandauer Tor selbst war 1662 mit seinen neuen Befestigungen weiter nach Nordosten verlegt worden; auf der ehemaligen Bastion 12 der Festungsanlage erhob sich inzwischen der bescheidene Bau der Garnisonkirche.

Im Sommer 1720 sollte nun der gegenüberliegende Pulverturm beim alten Spandauer Tor abgebrochen werden, nachdem der Soldatenkönig Friedrich Wilhelm I. 1717–19 die neuen königlichen Pulvermühlen und das Pulvermagazin nach Moabit an die Spree vor dem Unterbaum hatte verlegen lassen – auf das Areal des späteren Lehrter Bahnhofs. Zwei Dutzend Artilleristen sollten den Turm ausräumen. Der Explosionsgefahr wegen trugen sie nur Filzsocken und durften nicht rauchen.

Ein zeitgenössischer Stich, der sowohl die Post abbildet, die in dem fatalen Moment vorbeigefahren ist, als auch den blessierten Wallschmied darstellt, dessen Haus getroffen wurde, vermittelt zusammen mit der ausführlichen Bildlegende einen treffenden Eindruck von dem schrecklichen Vorgang. Es handelt sich dabei um den wahrhaften Bericht über die Explosion, der sich wie folgt liest:

»Prospect desjenigen Theils der Stadt Berlin, ohnweit dem Spandauer Thor, wie selbiger bei dem erbärmlichen Unglück, so daselbst am 12. August 1720, zwischen 10 und 11 Uhr vormittags durch Zerspringung eines Pulverthurms passiret, anzusehen war. Dieser Thurm zersprung in fünf Stücke, wovon die dick gemauerte Spitze das Kirchen Haus und Lazareth in den Grund darnieder schlug. Das eine Theil warf in dem damals von Herrn Obrist von Glasenapps Wohnung das halbe Dach und eine Ecke des Hauses nieder, das andere Theil schlug die halbe Garnison-Schule zu Boden, und machte in der Kirche eine große Öffnung. Das dritte Theil schlug des Herrn Hofraths Kühnens Hauses Obertheil und die Ruppiner Herberge nieder. Das vierte Theil traf die Hospital Ecke, auch die Heilige Geist Kirche. Der jämmerlich ertödteten Menschen waren in Summe 72 Personen, worunter 35 Soldaten Kinder, so in der Schule höchst erbärmlich zerquetschet worden ferner des Rectoris 12jähriger Sohn, so eben im unglücklichen Augenblick bei der Schule gewesen, des Küsters Kind samt ihm. Eines Sergeanten Töchterlein in der Wiege nebst der Mutter. Zwei Kinder eines Postbediensteten wurden spielend getödtet. Eines Arrendatoris 10jähriges Töchterlein in des Cantors Wohnung. 12 Bombardier, so im Thurm mit der Ausleerung beschäftiget waren, ein neuangehender Prediger, so eben auf der Post vorbeigefahren nebst einem Mahler. Die anderen 2 Passagiers sind unverletzt geblieben und der Postillon hart blessirt. Der Küsterin Schwester, hochschwanger. Eine Soldatenfrau im Lazareth. Ein Wasch Mädgen ohnweit dem Schloss durch eine Kugel. Ein vorbeigehender Schuster und ein Barbier-Geselle. 6 von des Herrn Kapitän von Wedels Bedienten im Kühnschen Hause und 3 alte Frauen im Hospital. Die etlichen 40 Verwundeten sind mehrentheils wieder genesen.«

Nicht einmal das Fernsehen könnte exakter sein in der Berichterstattung. Im Übrigen wurde noch 24 Stunden danach ein sechsjähriges Kind lebend unter den Trümmern hervorgezogen; einen Fremden in der Ruppinischen Herberge barg man erst nach drei Tagen unverletzt. Der König selbst, der willens gewesen war, die Arbeiter zu beaufsichtigen (und mit dem Stock anzutreiben), entging dem Tod nur dadurch, dass er sich auf der Wachtparade verspätet hatte. Die Vorsehung hatte in die deutsche Geschichte eingegriffen. Immerhin war der Soldatenkönig tief erschüttert, und das wollte bei dem Mann etwas heißen!

Flugs ließ er die kleine Garnisonkirche, die durch den »aufgesprungenen« Pulverturm gänzlich zerstört worden war, neu errichten. Sie wurde 1722 wieder eingeweiht, ein schlichter Bau, der zwar acht Türen für das ein- und ausströmende Militär erhielt, aber keinen Turm. In der Gruft lagen noch im 20. Jahrhundert die unversehrten Leichname der preußischen Feldmarschalle Keith und Kleist von Nollendorf.

Der Ort der Explosion befand sich etwa auf der Straßenmitte der heutigen Spandauer Straße, dort wo sie als Straße An der Spandauer Brücke quer über den einstigen Standort der abgerissenen Garnisonkirche – der heute übrigens wieder Garnisonkirchplatz heißt – abbiegt.

Die Hochzeitskatastrophe von 1823 und andere traurige Zwischenfälle

Um das Bild der schaurigen Begebenheiten im alten Berlin abzurunden, folgen hier noch einige ausgewählte Ereignisse:

Am 29. Mai 1730, dem zweiten Pfingsttag, abends neun Uhr, zündete ein Wetterstrahl den Turm der Petrikirche an und legte auch die umliegenden Häuser in Schutt und Asche. Überliefert ist die Reaktion des Soldatenkönigs, als man ihm die Nachricht überbrachte: »Und ich dachte schon, der Flügelmann des Regiments Glasenapp wäre gestorben.«

Am 21. August 1734 fiel der neu erbaute Turm der Petrikirche gänzlich ein. Nach kurzer Haft wies man den verantwortlichen Architekt aus Preußen aus.

Im Jahre 1760 brannte das Dorf Schöneberg bei Berlin nahezu vollständig ab.

Am 28. Juli 1781 stürzte der Turm der Deutschen Kirche auf dem Friedrichstädtischen Markt, dem heutigen Gendarmenmarkt, ein.

1794 brannte das Rathaus auf dem Friedrichswerder am Werderschen Markt ab. Den Platz zieren heute der Neubau des Außenministeriums und die Friedrichswerdersche Kirche von Schinkel.

1798 brannte das Städtische Irrenhaus in der Krausenstraße vollständig ab.

Am 20. September 1809 brannte erneut die Petrikirche ab, 42 Krambuden in deren Schatten wurden vom Feuer vernichtet.

Am 29. Juli 1817 ging das Schauspielhaus am Gendarmenmarkt in Flammen auf. Der Brand war so gewaltig, dass noch vierzehn Tage danach Schutt und Trümmer glühten.

Die bleiernen Jahre nach den Befreiungskriegen waren ohnehin keine glückliche Zeit für die preußische Metropole und ihre Einwohner. Die Hochzeit des Kronprinzen, des späteren Königs Friedrich Wilhelm IV., mit der katholischen bayrischen Prinzessin Elisabeth am 29. November 1823 sollte das erste große Fest seit langer Zeit werden. Zugleich fand die Einweihung der Schinkelschen Schlossbrücke mit ihrem kunstvollen Geländer statt, die sich noch ohne die Figuren an Stelle der alten Hundebrücke über den Kupfergraben schwang. Vor dem Zeughaus hatte man eine Säulenhalle für dreihundert Ehrenjungfrauen errichtet. Noch war die neue Brücke für den Wagenverkehr gesperrt. Bei der abendlichen Illumination kam das Gerücht auf, überhaupt niemand dürfe die Brücke passieren. Die Menschenmenge, voller Angst, etwas von dem Schauspiel zu verpassen, drängte panikartig zum Kupfergraben, wo eine schmale Notbrücke die einzige Verbindung zum Lustgarten bot. Der Platz vor der Brücke war dem Ansturm nicht gewachsen, das Geländer zum Spreekanal am Zeughaus hielt nicht stand; die Menschen wurden von den Nachdrückenden ins eisige Wasser gestoßen. Schreie gelten durch die Dunkelheit. Alle wollten sehen, was vorn passiert, und drängten immer mehr über die Uferkante. Das traurige Fazit war: Dreißig zertretene, ertrunkene, erfrorene Kinder und Frauen. Kein gutes Omen für die Ehe des künftigen Königs, die dann auch kinderlos blieb.

Im September 1830 fand die so genannte Schneiderrevolution vor dem Cöllnischen Rathaus statt, die Randale setzte sich am nächsten Tag vor dem Schloss fort.

Am 3. und 4. August 1835 kam es bei der Geburtstagsfeier des Königs Friedrich Wilhelm III. vor dem Brandenburger Tor und später Unter den Linden zu erheblichen Unruhen.

Am 3. April 1838 brach ein verheerender Brand auf dem Mühlendamm mit »grauenhaften Folgen« aus.

In der Nacht vom 18. zum 19. August 1843 stand das Opernhaus Unter den Linden in Flammen, die sich mit unglaublicher Geschwindigkeit ausbreiteten. Für die Berliner wurde es eine Nacht der Angst. Noch eine halbe Stunde vom Brandherd entfernt konnte man im Widerschein des Feuers in den Zimmern lesen.

Die Zeiten wurden immer unruhiger. 1845 gab es am Hamburger Tor in der heutigen Torstraße Steinwürfe gegen die Ordnungsmacht, 1846 die Kartoffelrevolution am Oranienburger Tor. Berlin näherte sich unaufhaltsam den Barrikadenkämpfen von 1848, deren Ergebnisse allerdings so mager ausfielen wie die aller Revolutionen in Deutschland.

Huren, Hexen, Zauberer

Eine unabhängige Justiz?

Wer nach dem bisher Erzählten annimmt, unsere Altvorderen hätten es sich leicht mit der Justiz gemacht, der irrt. Betrachtet man allerdings die Zeit, die zwischen der Tat, der Anklage, dem Urteil und dessen Vollstreckung verging, so ergeben sich Abstände, von denen wir Späthinteren nur träumen können.

Kurfürst Joachim Nestor belieh 1508 den Rat von Berlin und Cölln mit der oberen und unteren Gerichtsbarkeit, die vorher als Lehen in den Händen von Einzelpersonen gelegen hatte. 1536 mussten die Städte das untere Stadtgericht für 2250 Gulden erneut vom kurfürstlichen Küchenmeister Hans Tempelhof erwerben.

Bei Verbrechen, die mit der Todesstrafe geahndet werden sollten, war es im 16. Jahrhundert üblich, das Urteil vom Schöffenstuhl in Brandenburg sprechen oder zumindest bestätigen zu lassen. Auch als das Berliner Kammergericht zwischen 1617 und 1632 zeitweilig Strafprozesse führte, schickten die überlasteten Räte die Akten gern nach Brandenburg. Ab 1611 gestattete ein Landtagsabschied, dass in peinlichen Sachen fortan auch das Urteil von der Frankfurter Juristenfakultät geholt werden dürfe – um die Landesuniversität zu fördern!

Natürlich war die Justiz nicht unabhängig. Der Kurfürst musste die Urteile bestätigen und griff häufig genug direkt oder durch seine Räte ein. Als beispielsweise 1624 dreizehn Soldaten Pferde gestohlen hatten und erklärten, sie hätten keinen Raub begehen wollen, gedachten die Schöffen und Richter sie nicht ohne klares Geständnis hinrichten lassen. Der Dompropst und die Kurfürstin verwandten sich für die Diebe, und Kurfürst Georg Wilhelm begnadigte fünf von ihnen.

Die Strafen waren im Allgemeinen drakonisch. Immerhin verschwanden die mittelalterlichen Gottesurteile allmählich, bei denen die Angeklagten, um ihre Unschuld zu beweisen, furchtbaren Prüfungen ausgesetzt wurden, die sie nur mit der Gnade Gottes be-

stehen konnten. In Berlin mussten die Beschuldigten ohne Brand-
verletzungen ein glühendes Eisen von bestimmtem Gewicht neun
Schritte weit tragen, unverletzt einen Ring oder Stein aus einem Kes-
sel siedenden Wassers fischen oder im Zweikampf gegen den Pro-
zessgegner den Sieg davontragen.

Die Todeswürfel

Die häufig überlieferte Berliner Sage von den Todeswürfeln verlegt
ein solches Gottesurteil noch in die Zeit des Großen Kurfürsten. Da
habe in Berlin ein wohlhabender Waffenschmied gelebt, der eine
wunderschöne Tochter besaß. Zwei Leibtrabanten des Kurfürsten,
Heinrich und Rudolf, entbrannten in Liebe zu der liebreizenden Jungfrau, die sich jedoch anfangs für keinen zu entscheiden vermochte.
Erst als der stillere Heinrich durch eine überraschende Erbschaft
plötzlich zu Geld gekommen war und er überdies den alten Waffenschmied eines Abends vor den Misshandlungen roher Gesellen zu
schützen wusste, wandte sie sich ihm zu. Rudolf, von heftigerem
Temperament, verging fast vor glühender Eifersucht und schlich
den beiden fortan auf Schritt und Tritt nach. Als er sie eines Abends
beim Abschied am Brunnen belauerte, brachten ihn die Liebkosun-
gen, die das Mädchen Heinrich gewährte, derartig in Wut, dass er
mit dem Schwert auf die Ärmste einstach, kaum dass Heinrich verschwunden war.

Man fand das Mädchen in seinem Blute liegend. Der Mordverdacht
fiel zwar sofort auf Rudolf, dessen Eifersucht bekannt war, aber
auch Heinrich, der noch kurze Zeit zuvor mit dem Mädchen gesprochen hatte, kam als Täter in Frage.

Der unglückliche Vater verlangte vom Kurfürsten die Bestrafung
des Verbrechers. Der ließ auch wirklich die beiden Trabanten verhaften. Beide leugneten die Tat entschieden und legten auch auf
der Folter kein Geständnis ab. Der Kurfürst wollte deshalb kein Urteil fällen, sondern stellte die Entscheidung Gott anheim. Er befahl
nämlich, die beiden sollten um ihr Leben würfeln; wer den höheren
Wurf tat, sollte als unschuldig gelten.

Vor der Front der angetretenen Leibtrabanten wurde eine Trommel aufgestellt, dabei stand ein Geistlicher und unweit davon wartete der Sarg auf den Unterlegenen. Vergeblich forderte Heinrich noch einmal von seinem Kameraden, sich schuldig zu bekennen. Der nahm wortlos die beiden Würfel und warf zwei Sechsen auf das Trommelfell. Damit war Heinrich so gut wie gerichtet. Doch der ließ sich nicht beirren, flehte zu Gott, er möge ein Zeugnis seiner Unschuld ablegen, und warf die Würfel so heftig auf die Trommel, dass der eine in zwei Teile zersprang, die eine Sechs und eine Eins zeigten. Auch der zweite zeigte die Sechs, so dass nun dreizehn Augen auf der Trommel lagen. Rudolf, von diesem offenbaren Gericht Gottes übermannt, stürzte wie vom Blitz getroffen zu Boden und leugnete seine Schuld nicht länger. Der Kurfürst, um ihm Zeit zur Reue zu lassen, verurteilte ihn zu ewigem Gefängnis, doch er verfiel im Kerker dem Wahnsinn und erhängte sich. Auch Heinrich wurde seines Lebens nicht mehr froh. Er suchte und fand den Tod in der Schlacht. Der zersprungene Todeswürfel aber wurde noch lange in der Kunstkammer des königlichen Schlosses in Berlin aufbewahrt.

Die zwei Dirnen mit dem Lästerstein

Wie in dieser Geschichte erwähnt, war die Folter als Zwangsmittel zur Erforschung der vermeintlichen Wahrheit jahrhundertelang ein fester Bestandteil der Rechtsfindung. Von der Eisernen Jungfrau war bereits die Rede. Die in drei Berliner Gefängnissen vorhandene Schwitzbank, auf der die Delinquenten nach dem Genuss stark gesalzener Speisen quasi geröstet wurden, war nicht weniger grausam.

Viele Hinrichtungen und so genannte Ehrenstrafen wurden in aller Öffentlichkeit vollzogen, sowohl in Berlin vor dem Rathaus als auch auf dem cöllnischen Fischmarkt. Dort mussten 1442 beispielsweise zwei aneinander gefesselte und den schweren Lästerstein tragende öffentliche Dirnen im Hemd sich gegenseitig mit spitzen Stöcken stechen. Kein Chronist versäumt es, den Namen der einen zu nennen: »Else med den langen tytten.«

Am gleichen Ort wurde 1782 der märkische Wunderheiler und selbst ernannte Messias Rosenfeld gestäupt und anschließend ins Zuchthaus Spandau verbracht, wo er 1788 starb.

Hinrichtungen durch das Schwert fanden jahrhundertelang vor beiden Rathäusern statt, bis sich im Jahre 1694 die Anwohner des Berliner Rathauses wegen der damit verbundenen häufigen Verkehrsstörungen beschwerten. Erst dann wurde das Hochgericht auf den Neuen Markt verlegt.

Nicht selten wurden für geringe Vergehen Geldstrafen ausgesprochen. Noch unter dem Großen Kurfürsten kosteten Gotteslästerung und Fluchen zweihundert Taler.

Als erste Umweltstrafe wurde demjenigen die Hand abgehackt, der einen Baum oder einen Weinstock beschädigte; Bienendiebe übergab man dem Henker, der dem Delinquenten zuerst die Därme aus dem Leib riss, bevor dieser am Ort der Tat neben den eigenen Innereien feierlich aufgehängt wurde.

Der Kaak

Das Stäupen (das Züchtigen mit Ruten) und das Prangerstehen im Halseisen an der Schandsäule wurden mit den Verurteilten, denen Schimpf und Schande angetan werden sollte, gleich unter dem Kaak an der Gerichtslaube des alten Berliner Rathauses vollzogen. Der Kaak stellte einen großen Vogel mit Flügeln, Eselsohren und einem verzerrten Menschengesicht dar. Die Gerichtsstube lag über der Durchfahrt zur Ratswaage, darüber befand sich im Dachboden die Folterkammer. Im Keller des Rathauses gab es ein Gefängnis, den so genannten Krautgarten.

Die Gerichtslaube, ein Anbau am alten Berliner Rathaus, ist heute gleich zwei Mal als Rekonstruktion vorhanden. Da sie 1872 dem Neubau des Roten Rathauses im Wege war, versetzte man das offene Gebäude in den Schlosspark Babelsberg. Einhundert Jahre später passte es den Bauherren des Nikolaiviertels ins historisierende Konzept, eine Gaststätte in der Poststraße als Kopie der Gerichtslaube zu errichten.

Das Hurenhaus

Mag diese Gerichtslaube in alten Zeiten das ihre zur Unterhaltung der Berliner beigetragen haben – andere Häuser liefen ihr dabei vermutlich den Rang ab, und der Rat hatte auch daran seinen Anteil. Bereits um 1400 wird von einem Freudenhaus berichtet, von dem der Rat jährlich zwei Schock Groschen kassierte. Zwanzig Jahre später ist das Hurenhaus zu Berlin ganz eingerissen und neu aufgebaut worden. Wo sich das Haus einst befand, weiß unser Gewährsmann Schmidt zu berichten:

»Die jetzige Rosen-Strasse hat Anfangs die Huren-Strasse geheißen. Das liederliche Frauen-Volck hat der Strasse den Nahmen zuwege gebracht, denn es wurden dieselbigen an einen Karren mit zwey Rädern geschlossen, und mussten den Gassen Unflath in die dazu gemachten Grufften zwischen den Wall und Mauer fahren. Weil hernach einige Hoff-Trompeter anbaueten ward sie die Trompeter Strasse, da aber dieselbigen ausgestorben, die Rosen-Strasse genennet.«

Die feilen Dirnen im Hurenhaus durften nicht durch Winkelhurerei auffällig werden, darüber wachte der für sie verantwortliche Scharfrichter. Der hatte um 1580 alle Frauen, die außerhalb des Freudenhauses Unzucht trieben, aus der Stadt zu trommeln.

Im Jahre 1603 sandte Kurfürst Joachim Friedrich ein »Mandat an alle Pfarrern, bey Verlust ihres Pfarr Amts auff den Concubinat acht zu haben gegen Unzucht und Hurerey.« Erfolg war dem Papier anscheinend nicht beschieden. Kurfürst Friedrich III. – später König Friedrich I. – verschärfte 1690 die Strafen gegen die öffentliche Unzucht. Er selbst betrieb sie auch nur im Geheimen. Er ordnete die Tilgung aller Freudenhäuser, die Austreibung der Dirnen und ihre Einweisung ins Zucht- und Spinnhaus Spandau an.

Der Soldatenkönig Friedrich Wilhelm I. erließ am 31. März 1718 gar ein »Allgemeines Edict wegen Abstellung des Voll-Sauffens, und daß die Trunckenheit in denen Delictis nicht entschuldigen sondern die Strafe vermehren soll ... Weil unter dem Vorwand des Gesundheit-Trinckens ein grosser Mißbrauch vorgehet.«

Gehurt und gesoffen wurde dennoch weiter, Berlin war nicht umsonst eine Stadt der Brauereien und der allgemeinen Zecherei, und an feilen Damen fehlte es nicht einmal in der besten Gesellschaft.

Friedrich Wilhelms Sohn, der Große Friedrich, dank der Pfuscherei der preußischen Militärärzte ohnehin nicht zu geschlechtlichen Freuden fähig, nahm es nicht so genau mit den Dirnen und Bordellen. Unter seinem Neffen Friedrich Wilhelm II., genannt der dicke Wilhelm, trat eine weitere Lockerung ein. Er war bekannt für seine Mätressenwirtschaft: Neben seinen zahlreichen Liebschaften brachte er es auf zwei legale und zwei bigamistische Ehen, aus deren einer unter anderem der Graf von Brandenburg – von 1848 bis 1850 Preußens reaktionärer Ministerpräsident – entspross. 1795 wies Berlin mit seinen 173 000 Einwohnern 54 registrierte Bordelle mit 257 polizeilich inskribierten Dirnen auf, streng preußisch eingeteilt in drei (Einkommens-) Klassen.

Bald standen etwa einhundert Freudenhäuser mit je fünf bis neun Lustdirnen unter Aufsicht der Polizei. Die Frauen mussten sich regelmäßigen Gesundheitsuntersuchungen unterziehen. Strafen setzte es nur noch, wenn jemand zu Schaden kam oder öffentliches Ärgernis erregte. Jeder Bordellwirt musste »monatlich für jede Lohnhure, die er hält, sechs Groschen« in die Heilungskasse zahlen. Dafür sollte »jede infizierte Lohnhure sofort in die Charité« eingeliefert werden, und die – 1726 im unbenutzten Pesthaus von 1710 eingerichtet – leistete nach dem Urteil eines Zeitgenossen »mehr für die Dezimierung der Berliner Bevölkerung als die Guillotine in anderen Städten«.

Hexenverbrennungen

Wie überall in Deutschland rückte man in alten Zeiten nicht nur den Dirnen zu Leibe. Auch im protestantischen Brandenburg fanden Hexenverbrennungen statt, war doch selbst der aufgeklärte Doktor Luther der Meinung, Hexen müsse man verbrennen und in solchen Fällen mit der Strafe eilen, ohne auf die Bedenklichkeiten der Juristen zu hören.

Der erste Fall einer Bestrafung wegen Zauberei ist aus dem Jahr 1390 überliefert. Eine alte Frau hatte angeblich einer anderen zwei

Giftbeeren gegeben und erlitt deswegen den Tod durch das Feuer.
Ein ähnlicher Fall ereignete sich 1423, als ebenfalls eine alte Frau
verbrannt wurde. Die Chronik scheint hier lückenhaft, denn angeblich erst 1552 wurde wieder eine Zauberin angeklagt und verbrannt.
Als die Flamme des Scheiterhaufens hochschlug, sei ein Reiher
darin verschwunden und mit einem Stück vom Pelze (?) der Hinge-
richteten davongeflogen. Im Jahr darauf verbrannte man zwei »Zau-
berhuren, weil sie ein gestohlenes Kind zerstückelt und gekocht hätten, um mit dem daraus gewonnenen Zaubermittel Theuerung (!)
im Land anzurichten«.

Carions Weissagung

Die Hohenzollern waren besonders abergläubisch. Joachim Nestor
hatte für seinen Astrologen Carion eine Sternwarte einrichten
lassen und galt selbst als halber Zauberer. Carion weissagte sogar den Namen des Schutzengels des Prinzen Johann: »Bathsitiha-
del«. Es fand sich keiner, der einen anderen Namen für den Engel
kannte.

Zu jener Zeit kursierte die weit verbreitete Weissagung, dass im
Februar 1524 die Welt untergehen würde. Carion jedoch ermittelte
einen Fehler in der Berechnung und prophezeite die Sündflut für den
15. Juli 1525. Es war ein strahlender Sommertag. Der Hofstaat zog
dennoch mit Kisten und Kasten auf die höchste Erhebung von Berlin, den heutigen Kreuzberg. Allmählich breitete sich dumpfe Ge-
witterschwüle aus, und der Himmel bezog sich. Dann jedoch brach
die Sonne durch, und die Wolken lösten sich auf. Nachdrücklich forderte die Kurfürstin Elisabeth zur Rückkehr auf. Unter dem Gespött,
noch mehr aber unter dem Gemurre der Berliner zog die Kavalkade
in die Stadt ein. Als sie auf den Schlossplatz einbog, schoss plötzlich
ein Feuerstrahl aus den neuerlich aufgezogenen Wolken. Joachim
sank betäubt zusammen, der Regen stürzte wie aus Kannen vom
Himmel. Als der hohe Herr zu sich kam, lag der Kutscher tot, aus dem
Wagen herausgeschleudert, auf dem unbefestigten Platz. Außer ihm
hatte der Blitz vier der acht Pferde erschlagen. »Sunsten hat das Wet-

ter keinen Schaden mehr getan ...«, merkt ein Chronist an. Es trifft eben immer die Falschen.

Am zweiten Weihnachtstag des gleichen Jahres hörte Joachim in der Kirche der Schwarzen Brüder vor dem Schloss die Weihnachtspredigt. Der rotgesichtige Mönch auf der Kanzel erging sich in wüsten Drohungen gegen Luther, donnerte mit den Fäusten auf das Holz – und brach vom Schlag gerührt zusammen. Die Kurfürstin Elisabeth zog es vor, bald darauf ins lutherische Sachsen zu entfliehen.

Bekannte Zauberer und die letzte preußische Hexe

In die Reihe der angeblichen Zauberer gehört auch der »Münzjude« Lippold. Eine Maus, die während seiner Hinrichtung unter dem Blutgerüst hervorlief, hielt die gaffende Menge für den Zauberteufel des Juden.

Bartholomäus Moller aus Summt erhängte sich 1587 im Kerker, ohne die Strafe für Wahrsagerei abzuwarten.

1653 wurde auf dem Rabenstein vor dem St. Jürgentor ein alter Hexenmeister aus Zossen, der den Leuten sagen konnte, wo gestohlene Dinge zu finden seien, vom Henkermeister Gottfried enthauptet. Wenn es sich bei diesem Hexenmeister um den Schäfer Michael Schulze handelte, dann war er bereits 108 Jahre alt. Unter der Folter soll er nichts gestanden haben. Er wurde nicht verbrannt, denn »sein Blut ward in einem neuen Topf aufgefangen, welches einer, der mit schweren Gebrechen beladen war, warm austrank ...«. Wohl bekomm's!

Ein Edikt des Großen Kurfürsten befahl 1679 den Criminalrichtern Berlins mit Nachdruck, alle Hexen der Mark zur Verantwortung zu ziehen. In Berlin blühten die Hexenprozesse auf, als sie anderswo bereits abflauten. Noch 1692 wurde Daniel Krösing wegen ausgestoßener Gotteslästerungen enthauptet. Erst der Soldatenkönig machte den Hexenprozessen ein Ende. Dazu trug folgende Begebenheit bei:

Ein junges Mädchen, Dorothea Steffin, hatte angeblich am Wedding vor den Toren Berlins einen vornehmen jungen Mann in blauem Rock und gestickter Weste kennen und lieben gelernt. Sie traf ihn auf der Langen Brücke in Berlin wieder, gab sich ihm (wohl nicht zum ersten Mal) hin und schloss angeblich einen Pakt mit ihm. Er sei der Teufel, erklärte er, und ließ sie ein Dokument mit ihrem Blut unterzeichnen.

Im Kalandshof wegen ihres unsittlichen Lebenswandels eingesperrt, gestand die Steffin nach einem Selbstmordversuch ihre Beziehung zum Teufel. Damit wäre ihr Schicksal besiegelt gewesen. Gemäß den modernen Ansichten eines Thomasius, die sich langsam in der Rechtsprechung – insbesondere für die Hexenprozesse – durchzusetzen begannen, wurde sie jedoch von einem Richter und einem Arzt vernommen und begutachtet. Dabei soll sie sich in Krämpfen gewunden haben. Auch im Prozess konnten sich die Reformisten unter dem Kammergerichtsrat Wagner durchsetzen. Da Friedrich Wilhelm I. sich das Urteil beziehungsweise dessen Bestätigung vorbehalten hatte, wurde der Fall seinem Staats- und Kriegsminister Samuel von Cocceji, dem späteren Rechtsreformer und Großkanzler des Alten Fritzen, vorgetragen. Cocceji – wie schon sein Vater ordentlicher Professor der Rechte an der Universität zu Frankfurt an der Oder – entschied, Dorothea Steffin habe am Leben zu bleiben. Am 10. Dezember 1728 erging das Urteil:

»Obwohl es das Ansehen habe, daß die Inquisitin wegen des Bündnisses mit dem Teufel mit dem Feuer oder doch mit dem Schwerte zu strafen sei, zumal sie einen höchst unsittlichen Lebenswandel geführt habe, so könne doch das Bündnis mit dem Teufel auch Effekt der Schwermütigkeit sein ... Damit sie aber durch ein liederliches Leben und Versuchen des Selbstmordes nicht ferner in dem Wege des Satans sich verstricken könne, sei sie lebenslänglich in das Spandauer Spinnhaus zu bringen und zu leidlicher weiblicher Arbeit anzuhalten, ihr auch dort Arznei und geistlicher Zuspruch zu erteilen. Von Rechts wegen.«

Strafe muss sein

Spandau: das Zuchthaus und der Juliusturm

Die Festung und das Zucht- und Spinnhaus sind untrennbar mit der märkischen Kleinstadt Spandau verknüpft. »Die Vorstellung dieses Ortes (ist) so genau mit der von Gefängnis bei Wasser und Brot verbunden als Sibirien mit der von Landesverweisung und Zobelpelzen.« So urteilte der berühmte Berliner Medicus Dr. Ludwig Heim im Jahre 1776. Heute weiß kaum noch jemand, wo sich das berüchtigte Zuchthaus eigentlich befunden hat. Da werden die Zitadelle mit dem Juliusturm genannt oder sogar das ehemalige Festungsgefängnis an der Wilhelmstraße, das 1987 fünf Wochen nach dem Tod des letzten von den Alliierten verurteilten Kriegsverbrechers abgerissen wurde.

Die Spandauer Chronik berichtet, dass der schaurige Ort mitten in der Altstadt gelegen hat und vormals ein Schloss war, das sich der italienische Festungsbaumeister Graf Rochus Guerini zu Lynar gebaut hatte. Im Lynarschen Schloss nächtigte der Schwedenkönig Gustav Adolf zwei Mal. Beim zweiten Mal, unterwegs vom Schlachtfeld bei Lützen ins heimatliche Stockholm, benötigte er kein Bett. In seinem Sarg schlief er bereits den ewigen Schlaf.

Lynars Nachkommen verkauften das Schloss 1686 an den Großen Kurfürsten. Der ließ darin ein Manufaktur- und Spinnhaus einrichten, eine Art früher Justizvollzugsanstalt, wie es sie zeitweise auch auf der Packinsel in der Spree vor der Südspitze Cöllns gab. In Spandau nahm das mehrfach umgebaute und um ein daneben liegendes Brauhaus erweiterte Gebäude schließlich die gesamte Fläche zwischen Kloster- (heute Carl-Schurz-Straße), Charlotten-, Jüden- und Moritzstraße ein. Ob Preußens letzte Hexe hier auch gestorben ist, weiß man nicht.

Über die Bedingungen in dem gefürchteten Zuchthaus geben zwei beiläufige Bemerkungen in der Spandauer Chronik Auskunft. 1820 wurde der »allgemein beliebte und geachtete Oberinspektor Luft« von einem Strafgefangenen, der wegen eines Streits mit Peitschenhieben bestraft werden sollte, durch zwei gut gezielte Messerstiche getötet. Zehn Jahre später revoltierten die männlichen Gefangenen. »Zur Unterdrückung des Aufruhrs mussten die Wachmannschaften von der Waffe Gebrauch machen, wobei drei Strafgefangene getötet und acht verwundet wurden ...«

Der Juliusturm in Spandau ist das älteste im heutigen Berliner Stadtgebiet vorhandene Bauwerk. Seine Verliese dienten von alters her als Gefängnis. Schon um 1400 hieß es bedrohlich, »einen mit dem Julius bestrafen«; sogar einer der Quitzows – eine unrühmlich bekannte Raubrittersippe aus der Prignitz – soll in dem einstigen Bergfried eingesessen haben. Der Bergfried war von der alten Askanierburg übrig geblieben, nachdem 1560 die Zitadelle errichtet worden war. Das Festungsgefängnis befand sich fortan im so genannten Kavalier der Nordwest-Bastion Kronprinz. Dieser Ort war gemeint, wenn die kurfürstliche Order lautete: »Nach Spandow bis zur Beßerung.« Staatsverbrecher wie die schöne Gießerin Anna Sydow, die 1675 im Juliusturm starb, der Flottenadmiral des Großen Kurfürsten, der Staatsminister von Danckelmann und der Turnvater Jahn gehörten zu den unfreiwilligen Insassen.

Schwarzenbergs Tod

Abgesehen von seinen schaurigen Stätten, hat Spandau auch düstere Geschichte aufzuweisen – beispielsweise die des Grafen Schwarzenberg, von dem viele glaubten, dass er keines natürlichen Todes gestorben sei. Der verhasste Schwarzenberg war während des Dreißigjährigen Krieges kurfürstlicher Statthalter gewesen und kam – wie so viele Günstlinge nach dem Tode ihres Mäzens – beim Amtsantritt des Großen Kurfürsten in Bedrängnis. Zusätzlich verwickelte er sich in eine unlautere Geschichte: Kriegsrat von Zastrow, der als Gast beim Grafen verweilte, geriet an Schwarzenbergs Tafel mit dessen Kammerjunker von Lehndorff aneinander. Zastrow gab dem Kammerjunker eine Ohrfeige, der griff zum Degen und erstach ihn vor Schwarzenbergs Augen. Mit der heimlichen Hilfe seines Herrn gelang es dem Mörder zu entfliehen.

Schwarzenberg starb drei Wochen später am Schlagfluss. Doch die Berliner, deren Abscheu für den als Verräter in österreichischem Sold geltenden Grafen bis nach dessen Tode anhielt, waren davon überzeugt, der junge Kurfürst habe ihn heimlich verurteilt und hinrichten lassen. Graf Schwarzenberg wurde einbalsamiert und in der Spandauer Nikolaikirche beigesetzt. Sein später lose im Sarg aufgefundener Schädel schien die Hinrichtungsthese zu bestätigen. 1777 ließ der Alte Fritz deshalb die Leiche untersuchen. Doktor Heim befand alle Wirbel intakt, womit das Gerücht zwar widerlegt, aber nicht aus der Welt war.

Kinkels Befreiung

Ein bekannter Insasse des Spandauer Zuchthauses war Johann Gottfried Kinkel. 1850 wurde der am badisch-pfälzischen Aufstand beteiligte und ursprünglich zum Tode verurteilte Professor der Kunst- und Literaturgeschichte an der Bonner Universität zur »Abbüßung seiner lebenslänglichen Zuchthausstrafe wegen Aufreizung zur Bewaffnung bei den Aufständen in Düsseldorf und Elberfeld« in das Spandauer Zuchthaus eingeliefert. Kinkel war den Schergen in Rastatt verwundet in die Hände gefallen. Am 4. August 1849 hatte ihn das Kriegsgericht »wegen Kriegsverrats mit dem Verlust der preußischen Nationalkokarde und einer zu verbüßenden Festungshaft« bestraft, wobei letztere »gnadenweise« in die viel schärfere und unehrenhafte Zuchthausstrafe umgewandelt wurde.

Sein Freund und Schüler, der 21-jährige Carl Schurz befreite ihn in der Nacht zum 7. November 1850 mit Hilfe des bestochenen Zuchthauswärters Brune und mittels tatkräftiger Unterstützung demokratisch gesinnter Spandauer Bürger, von denen einer dem Rat angehörte. Kinkel floh nach England, Schurz nach Amerika, wo er bis zum Staatssekretär des Innern aufstieg.

Auch der damalige Spandauer Bürgermeister Eduard Zimmermann (1811–1880), der die schwarz-rot-goldene Fahne auf der Zitadelle gehisst hatte, wurde 1850 zu zwölf Jahren Zuchthaus verurteilt und konnte fliehen.

Die Schließung des Spandauer Zuchthauses

Das Zuchthaus wurde 1872 aufgelöst und anschließend weitere 25 Jahre als »Schlosskaserne« genutzt, denn die Festung Spandau war eine Stadt des Militärs und der Kasernen. Die gewaltigen Festungsanlagen westlich der Altstadt wurden erst 1903 aufgelassen.

Fünf Jahre nach der Auflösung des Zuchthauses baute man 1877 das neue hochsichere Festungsgefängnis an der Wilhelmstraße, das in der zweiten Hälfte des 20. Jahrhunderts zu unseligem Ruhm kam. Auch der Juliusturm geriet noch einmal ins Gerede, seit man nach 1871 hinter seinen dicken Mauern den Reichskriegsschatz von 120 Millionen Mark in geprägten Goldstücken aufbewahrte, Teil jener von Frankreich gezahlten »Kriegsentschädigung«, der Preußen den Reichtum der Gründerjahre verdankte. Nach dem nächsten Krieg zahlte man mit dem Gold die in Versailles auferlegten Reparationen. Zum Schutz des Juliusturms wurde 1888 das heute noch existierende Fort Hahneberg errichtet.

Die Berliner Hausvogtei

Nach diesem Ausflug in die bis 1920 selbstständige Stadt Spandau wenden wir uns der Berliner Kerkerszene zu. Beim endgültigen Abriss des zersprungenen Pulverturms fand man in seinem zugemauerten Keller, der keine Treppe besaß, Skelette von offensichtlich darin verhungerten Gefangenen. Auch das Oderberger Tor (später St. Georgentor) war als Kerker ausgebaut.

Für die Streitigkeiten zwischen den Hofbediensteten und zwischen Junkern und Bürgern war der kurfürstliche, später königliche Hausvogt zuständig. Seine Hausvogtei befand sich ursprünglich im Schloss. Um 1700 wurde das Arrestlokal des Hofgerichts in die Unterwasserstraße auf dem Werder verlegt. Es war ein schmaler Bau mit rechteckigem Grundriss und kurzer Front zum Werderschen Markt, direkt neben der späteren Münze. Bei deren Erweiterung zog die Hausvogtei 1750 an ihren endgültigen Standort auf der einstigen Bastion III der Festungsanlage, ein Stallgebäude des alten Jägerhofs zwischen der Einmündung der Oberwall- und der Niederwallstraße. Auf zwei Höfen wurden Gefängnisse mit Dunkelzellen eingerichtet. Der Journalist Ernst Dronke hat sie kennen gelernt:

»Blechblenden gehen von der unteren Fensterwand schräg hinauf bis in Fensterhöhe, durch den oben entstandenen Raum fällt das Tageslicht auf eine Stelle des Gemachs eines Quadratfußes, und der Gefangene ... sitzt in diesem grausamen Halbdunkel vereinsamt ...«

Solche Blechblenden waren im sowjetischen Militärgefängnis in Lichtenberg noch bis 1955 üblich.

In der Hausvogtei saßen Fritz Reuter, der Attentäter Tschech, von dem noch zu berichten ist, und der preußische Messias und Wunderheiler Rosenfeld. Erst 1891 wurden die Gebäude abgerissen. Der heutige Hausvogteiplatz zeigt noch den unregelmäßigen Grundriss der alten Festungsbastion.

Die Berliner Stadtvogtei

Im Kalandshof, der vorher Eigentum der Marienkirche und bis 1540 Sitz der Kalandsbrüder gewesen war, richtete die Stadt 1698 das Stadtgefängnis ein. Er lag nordöstlich der Marienkirche in der Klosterstraße, Ecke Neue Gasse. Die Kalandsbruderschaft war wegen übler Sauferei und ähnlicher Delikte aufgelöst worden.

Knapp einhundert Jahre später reichten die finsteren Verliese des Kalandshofs nicht mehr aus. Deshalb bezog die Stadtvogtei 1791 die Hofgebäude am Molkenmarkt 1–2 bis hinunter zur Spree. Im ehemaligen Schwerinschen Palais, das heute noch am Molkenmarkt steht, befand sich ab 1794 auch das Kriminalgericht.

In der Stadtvogtei herrschten Zustände wie in einem Gefängnis der Stalinära. Ernst Dronke kann auch hier als Zeuge gelten:

»In einem Gemach liegen oft mehr als zehn Personen zusammen auf dem Fußboden ... Auf den Gängen und in den Gemächern herrscht ein pestilenzialischer Geruch, vor welchem selbst die Gefängniswär-

ter bei der Morgeninspektion tiefsten Ekel empfinden. Für die Be-
dürfnisse der sämtlichen Gefangenen ist ein einziger Nachteimer
bestimmt.«

Das Schwerinsche Palais diente ab 1808 als Polizeipräsidium und
wird wie folgt beschrieben:

»... finster, verdrossen, unheimlich ausschauend, mit ausgetretenen,
knarrenden hölzernen Treppen und Dielen, mit langen, verworre-
nen, durcheinander führenden Korridoren und Gängen, mit kleinen
niedrigen, mit Moderluft erfüllten schlecht beleuchteten Zimmern
und Kabinetts, mit winkligen, von hohen Mauern begrenzten Höfen, auf welche teilweise vergitterte Gefängnisfenster hinausgin-
gen ...«

Die Stadtvogtei wurde zwar mehrfach erweitert, doch konnte sie
bald dem gewaltigen Wachstum der Stadt nicht mehr gerecht werden. Man betrieb deshalb Nebenstellen in der Perleberger Straße in
Moabit und weit draußen im Osten, in Rummelsburg. Der trostlose
Bau am Spreeufer vor dem Mühlendamm aber bestimmte lange
das Bild Berlins, so wie das neue backsteinerne Polizeipräsidium als
größter Bau Berlins ab 1889 den Alexanderplatz dominierte.

Vater Philipp und die restliche Berliner Kerkerszene

Eine weitere berüchtigte Adresse war die Militärarrestanstalt Lindenstraße 36/36a im südlichen Flügel des Kasernenbaus an der
Ritterstraße, »Vater Philipp« genannt. Dort befanden sich 134 Ar-
restzellen, zehn Gerichtszimmer und dazu die Wohnung des preußischen Platzmajors von Berlin, den Friedrich Wilhelm III. bei seiner
Flucht nach Memel als einzigen Militär samt allen Waffen im Zeughaus in Berlin zurückgelassen hatte. Der Bau wurde 1904 für ein
neues Postamt abgetragen.

Die Militärarrestanstalt wurde häufig mit dem Feilner-Haus Ecke Hasenhegerweg (heute Feilnerstraße) verwechselt, einer zwischen 1817 und 1818 von Schinkel erbauten Kaserne mit einer Fassade aus Backstein, deren Ruine 1954 abgetragen wurde.

In der zweiten Hälfte des 19. Jahrhunderts brach in der aus allen Nähten platzenden preußischen Metropole, die 1871 zur Hauptstadt des Deutschen Reiches wurde, ein wahrer Bauboom für Gefängnisse aus. In Moabit entstand in der Lehrter Straße schon 1842–49 ein Gefängnisbau in moderner »philadelphischer« Strahlenform mit drei kreisrunden Spazierhöfen. Er war für die Verbüßung von Zuchthausstrafen von bis zu vier Jahren Einzelhaft gedacht, obwohl die Einzelhaft dem Strafgesetzbuch widersprach. Zu ihrer halbstündigen Freistunde wurden die Gefangenen mit Kapuzen über dem Gesicht in die getrennten Käfige im Hof geführt, ähnlich denen, die einhundert Jahre später die Staatssicherheit der DDR für ihre Gefangenen benutzte.

In den Jahren 1868–76 baute die Stadt Berlin das Strafgefängnis Plötzensee. Nach der Reichsjustizreform von 1875 wurde 1877/82 das Kriminalgericht Moabit mit dem dahinter liegenden Untersuchungsgefängnis errichtet. Dieses alte Kriminalgericht brannte im Zweiten Weltkrieg aus und wurde 1953 abgerissen.

Näher zum Stadtzentrum hin, in der Barnimstraße 10, Ecke Weinstraße, war ursprünglich ein Bauplatz für ein Exerzierhaus vorgesehen. Das Areal wurde jedoch im Frühjahr 1863 mit einem Schuldgefängnis bebaut und am 30. Juli 1864 seiner Bestimmung übergeben. Der dreigeschossige schmucklose Backsteinbau mit einem Zellentrakt auf dem Hinterland des Grundstücks konnte 113 männliche und 24 weibliche Schuldhäftlinge aufnehmen. Drei Jahre später schaffte Preußen als letzter deutscher Staat die Schuldhaft ab, und so diente der Bau ab 1873 als Frauengefängnis, in dem anfangs hauptsächlich Prostituierte einsaßen. Der bis zuletzt genutzte Bau in der Barnimstraße wurde erst Anfang der 70er Jahre des 20. Jahrhunderts abgerissen.

Die Statistik weist für Berlin ohne Köpenick, Spandau und die umliegenden Landgemeinden im Jahre 1896 insgesamt 5006 Gefangene aus.

Im Oktober 1898 nahm in der heutigen Seidelstraße in Tegel ein weiteres Gefängnis den Betrieb auf. Bald wurden auch in den einzelnen Berliner Stadtteilen Gefängnisse errichtet, die zum Teil noch heute vorhanden sind.

Der Ochsenkopf

Auch am Rummelsburger See stehen noch immer die kargen Ziegelbauten einer bis 1990 genutzten Strafanstalt. Hier entstand 1853 zunächst ein Hilfsstrafgefängnis, 1854/59 dann das Friedrich-Waisenhaus der Stadt Berlin, bevor 1877 die »Städtische Arbeits- und Bewahranstalt« hierher verlegt wurde – der so genannte Ochsenkopf. Der Ochsenkopf war ursprünglich das Zunftzeichen am ersten Berliner Arbeitshaus von 1742, dem ehemaligen Schlächtergewerkshaus Belle-Alliance-Platz 11. Ab 1758 erhob sich die neu erbaute Arbeits- und Bewahranstalt Ochsenkopf am »Alex«. Das Gebäude in der Alexanderstraße 1–4 war ein großes graues Haus mit lang gestreckten Fronten zum Alexanderplatz und zur Straße gewandt, das mehrere Höfe umschloss und bis zum Ufer des Spreearms reichte, der hier die Königstadt durchschnitt.

Ursprünglich errichtet, um die Haus- und Straßenbettelei zu steuern, wurde es schnell zum Depot der unter Polizeiaufsicht stehenden »liederlichen, sich umher treibenden Dirnen und der zu einer Korrektionsstrafe verurteilten Personen; ein Arbeits- und Aufenthaltshaus außerdem für die Armen und Elenden, Wahn- und Blödsinnigen, Siechen und Kranken.« Der Berliner Journalist Gustav Rasch hat nirgendwo, »nicht einmal in der wilden Walachei«, eine »ähnliche Stätte des Schmutzes, der Verworfenheit, der wirklichen Armut und des Jammers« gefunden. Um 1860 führte er einen heftigen Kampf gegen den Prügelfuchs, die Tretmühle und gegen die unmenschlichen Zustände im Ochsenkopf.

Die Tretmühle ist ein brutales Foltergerät, das aus England stammt, wo es zuerst im Zuchthaus Brixton angewendet worden war. Die Stadt Berlin zeigte ab 1823 Interesse an der Maschine. Im Januar 1835 wurde mitgeteilt, dass Seine Majestät »mittelst Allerhöchster Ordre vom 3. d. M. die Anlegung einer Tretmühle im Arbeitshause, so wie eines Betrages von 2000 Rth zu den Kosten der Einrichtung derselben zu genehmigen geruht habe«. Der Mühlenbauer Winter in der Neuen Schönhauser Straße 16 baute das abschreckende »Correctionsmittel für rückfällige Bettler«, das 2388 Reichstaler kostete und nach seiner Fertigstellung täglich dreizehn Stunden getreten wurde. Ein Dutzend Männer, die nicht miteinander reden durften, traten gleichzeitig wie Soldaten beim Marschieren sechzig bis siebzig Schritte in der Minute und mahlten dabei Düngergips.

Erst nach 1863 wurden die städtische Irrenanstalt an der Waisenbrücke und das Siechenhaus in der Neuen Friedrichstraße eingerichtet und die Prostituierten in die Stadtvogtei eingewiesen.

Im Ochsenkopf am »Alex« fanden nur noch Obdachlose mit Familie, Bettler und Arbeitsscheue ihr unfreiwilliges Quartier. Für renitente Wiederholungstäter unter zwanzig gab es immer noch die Prügelstrafe; die Tretmühle wurde endlich abgerissen.

Die schnell wachsende Großstadt machte auch die Errichtung von Asylen für die Ärmsten der Armen notwendig. 1869/70 wurden in der Dorotheenstraße und in der Füsilierstraße im Scheunenviertel (auf dem heutigen Rosa-Luxemburg-Platz) Frauenasyle eröffnet, 1873 folgte ein Männerasyl in der Büschingstraße und 1896 ein weiteres Männerasyl in der Wiesenstraße im Wedding.

Das Obdachlosenasyl »Die Palme« befand sich ab 1877 in den ehemaligen Cholera-Seuchenbaracken in der Friedenstraße, ab 1887 in der Fröbelstraße nahe der Prenzlauer Allee. In den alten Backsteingebäuden unterhielt später das Ministerium für Staatssicherheit jahrzehntelang seine Bezirksverwaltung Berlin.

Gerechtigkeit ist ein schön' Ding

Der Ritter Lindenberg

»Gerechtigkeit ist ein schön' Ding – aber es gibt auch Justiz.« Der weise Spruch des Berliner Schriftstellers Adolf Glassbrenner galt wohl zu allen Zeiten. Hinzu kommt, dass es die kleinen Leute schon immer schwerer hatten, ihr Recht zu erlangen, als die Großkopfeten. Zur Zeit von Joachim I. Nestor beteiligten sich dessen Hofleute gerne an Raubzügen, die zu einer Art Hofsport ausarteten. Eines Abends war bei Elsholz ein Berliner Kaufmann »aus dem Stehgreif« überfallen, ausgeraubt und gefesselt in den Sumpf geworfen worden. Wider Erwarten der Räuber konnte er sich befreien und gelangte nach Berlin. Er hatte in einem der adligen Räuber einen der Herren vom kurfürstlichen Hofe erkannt und erhob nun vor Joachim Klage. Auf die Anzeige hin versammelte der Kurfürst den gesamten Hof im Schlosssaal. Auf Anhieb und ohne Zweifel identifizierte der Kaufmann »einen schönen jungen Edelmann, der sich der besonderen Gunst des Kurfürsten erfreute, den Ritter von Lindenberg«.

Lindenberg versuchte gar nicht erst zu leugnen. Er bot dem Überfallenen eine hohe Entschädigung an, wurde aber dennoch zum Tod durch den Strang verurteilt. Obwohl der märkische Adel eine Abordnung entsandte, die vergeblich um Gnade bat, bestätigte der Kurfürst das Urteil. Joachim wusste, weshalb er das tat: Er war an den Steuereinnahmen des Handels interessiert und nicht an der um sich greifenden Raubritterei.

Der Adel verzieh ihm das nicht. Unter dem Ritter von Otterstedt verschwor man sich gegen Joachim, der plötzlich alleine dastand. Die Verschwörer planten, ihn bei einem Jagdausflug zu töten, den der Kurfürst vom Schloss Köpenick aus unternehmen wollte. Sie schrieben ihm sogar einen warnenden Vers an die Tür:

> Jochimken, Jochimken, hüte dy!
> Wo wy dy kriegen, da henken wy dy!

Bei ihrem Treffen im Wald von Köpenick wurden sie allerdings belauscht, ein Bauer meldete dem Kurfürsten den Vorfall. Der nahm, wie berichtet wird, furchtbare Rache, und in der Mark herrschte einige Zeit Ruhe vor dem adligen Raubgesindel.

Hans Kohlhase

Nicht immer ging der Kampf um die Gerechtigkeit so günstig aus. Ein berühmtes Beispiel dafür ist Hans Kohlhase, den Heinrich von Kleist mit seiner Novelle »Michael Kohlhaas« unsterblich gemacht hat. Dass Kleist sich dabei nicht allzu eng an die historischen Tatsachen hielt, sei ihm verziehen. War doch auch sein blutjunger Held, der als »Prinz von Homburg« in die deutsche Literatur einging, in Wahrheit ein hinkender Krüppel von gut 45 Jahren, genannt der Landgraf mit dem silbernen Bein, der stets nur brav seinen Dienst versehen hatte und mit einer zwanzig Jahre älteren Witfrau verheiratet gewesen war.

Der echte Hans Kohlhase jedenfalls besaß in der Fischerstraße 27 in Cölln ein winziges Anwesen, in dem er einen Handel mit Speck, Honig und Heringen betrieb – war also nach Berlinischem Sprachgebrauch ein »Heringsbändiger«. Nach anderen Quellen soll er ein wohlhabender »Roßkamm«, ein Pferdehändler gewesen sein. Auf dem heute mit hässlichen Hochhäusern und Parkplätzen überbauten Grundstück Fischerstraße 26/27 fand man beim Neubau im Jahre 1868 Spuren unterirdischer Pferdeställe.

Hans Kohlhase zog im Oktober 1532 zur Sankt Michaelismesse gen Leipzig. Es war die Zeit der beginnenden Reformation, keine besonders unruhige Epoche in der märkischen Geschichte. Der kleine Trupp wurde jedoch auf sächsischem Gebiet kurz hinter der Mulde von den Knechten des »Gans Edlen Herrn Günter von Zaschwitz, Erb-, Lehens- und Gerichtsherr auf Schnaditz und Wellaune« – Orte, die sämtlich noch existieren – aufgehalten und sollte Wegegeld zahlen. Außerdem behaupteten Zaschwitz' Büttel, dass zwei von Kohlhases Pferden gestohlen seien. Wutschnaubend musste der Kaufmann die beiden Rappen zurücklassen. Er kam zu spät in Leipzig an, die Messe war vorüber, das Geschäft war ihm entgangen. Immerhin konnte er von der sächsisch-kurfürstlichen Kanzlei einen Befehl gegen den Junker erwirken. Hohnlachend gab der ihm seine Pferde abdeckerreif zurück.

Zu Hause in Cölln musste Kohlhase sein Gehöft verkaufen, um seine Schulden zu bezahlen. Erneute Eingaben beim sächsischen Kurfürsten Johann Friedrich und beim brandenburgischen Kurfürst Joachim Nestor brachten ihm beim Sühnetermin auf Burg Düben nur neuen Hohn. Darauf sagte Kohlhase am 14. März 1534 dem sächsischen Kurfürsten den Krieg an:

»Da ich denn nun nicht mehr denn meinen Leib und mein Leben vorzusetzen habe, so will sichs gebühren, dass ich meine Ehre und meinen Glimpf, wie dies einem Ehrliebenden zusteht und welche mir mit keinem Gold und keinem Silber bezahlbar sind, zur Notdurft verteidige ...«

Gemeinsam mit seinem Schwager Georg Nagelschmidt, einem ehemaligen Landsknecht, sammelte Kohlhase fünfzig Männer um sich. Die Schar nahm ihr Hauptquartier auf einem kleinen Werder in der Havel, nicht weit von Cölln, in der Krummen Spree, wie es heißt. Dass Kohlhase bei seinem ersten Unternehmen mit zwanzig Mann das Schloss Zaschwitz überfallen und in Brand gesetzt haben soll, gehört wohl ins Reich der Sagen. Dennoch floh Zaschwitz nach Wittenberg, dessen Vorstadt Kohlhases Trupp am 9. April 1534 in Flammen setzten.

Von Teupitz, Zossen und Treuenbrietzen aus unternahm Kohlhase Streifzüge weit ins Sächsische hinein. In den märkischen Dörfern und Städten konnte er sich sicher fühlen. Das Volk hielt zu ihm. Unter seinen Männern achtete er auf strenge Disziplin: Er ließ keine Grausamkeiten und keine persönliche Bereicherung zu. Die Beute wurde versteckt, um später zurückgegeben zu werden. Gerne verhöhnte er die ausgesandten Häscher, schlich sich verkleidet unter sie und nahm angeblich sogar ihre Zehrungsgelder in Empfang.

Nachdem Zaschwitz im November 1534 einem Schlagfluss erlegen war, versuchte der sächsische Kurfürst Johann Friedrich, Kohlhase zu Verhandlungen nach Wittenberg zu locken. Der war jedoch klug genug, die Absicht des Kurfürsten zu durchschauen, und schlug

Jüterbog, eine kurfürstliche Enklave im magdeburgischen Gebiet, als Verhandlungsort vor. Er verlangte und erhielt einen Geleitbrief für freies Kommen und freien Abzug. Aus Berlin schickte Kurfürst Joachim seinen Sekretär von Schlieben zu den Verhandlungen. Kohlhase wandte sich an Luther, traf ihn und Melanchthon angeblich sogar in Luthers Haus. Luther zeigte Verständnis für Kohlhase, empfahl ihm aber, das Unrecht in Geduld zu ertragen und sich demütig der himmlischen Vorsehung zu unterwerfen.

Als Hans Kohlhase am 6. Dezember 1534 in Jüterbog eintraf, begrüßte ihn das Volk mit Freudengeheul, während die kurfürstlichen Unterhändler unter Wittenbergs Landvogt Hans von Metzsch mit Hohn und Spott empfangen wurden.

In zähen Verhandlungen verlangte Kohlhases Hauptanwalt Magister Johann Genzke aus Berlin von der Zaschwitz-Sippe eine öffentliche Ehrenerklärung für seinen Mandanten, dazu 1200 Gulden Schadenersatz und völlige Straffreiheit. Die Gegenseite versuchte den Rechtsstreit in die Länge zu ziehen, bis Kohlhase ungeduldig ein Ultimatum stellte und eine Einigung noch in der gleichen Woche verlangte. Die bestand schließlich in einer Entschuldigung in aller Form und einer Abfindung von sechshundert Gulden.

Als Mann von Ehre hielt Kohlhase sein Wort und stellte den Krieg ein. Die Zaschwitzens hingegen intrigierten so lange am kurfürstlichen Hof in Sachsen, bis Johann Friedrich den Vertrag annullierte. Zwei gefangene Anhänger Kohlhases wurden aufs Rad geflochten. Daraufhin sammelte Kohlhase eine neue Schar. Am 26. Mai ging eine herrschaftliche Mühle in Flammen auf, die Straßen wurden unsicherer als je zuvor. Kohlhases Mannen überfielen die Stadt Zahna und jagten die sächsischen Lanzenreiter in die Flucht.

Im Juli 1535 starb der brandenburgische Kurfürst Joachim Nestor 51-jährig. Kohlhase bat seinen Sohn und Nachfolger Joachim II. Hektor, als Vermittler in den Streit einzugreifen, doch dieser dachte gar nicht daran. Nach einer trügerischen Ruhepause schlug Kohlhase im Januar 1537 jedoch erneut zu. Jetzt verhandelte der neue Kurfürst und forderte, Kohlhase solle sich dem Spruch der sächsischen Hofjustiz unterwerfen.

Das Anfang 1538 in Zerbst tagende Richterkonsortium verlangte von Joachim Hektor die Festnahme Kohlhases und dessen Überstellung an das sächsische Halsgericht. Im Juli schickte Kohlhase seinen kurfürstlichen Geleitbrief als Kaufmann zurück. Das war eine neue Kriegserklärung. In der Niederlausitz überfiel er den Seidenhändler Reiche aus Wittenberg und nahm ihn als Geisel. Diesmal hatte er den Falschen erwischt. Reiches Schwager Johann Weinleben war kurfürstlicher Sekretär und ein Günstling Joachims, er stieg zwei Jahre später sogar zum Staatskanzler und Präses des Berliner Kammergerichts auf. Nun kam es zu einem Bündnis der Kurfürsten Johann Friedrich und Joachim mit dem Onkel des Letzteren, dem Erzbischof Albrecht von Magdeburg, und etlichen kleinen Landesherren. Am 2. Januar 1539 verfügte Joachim, »alles zur Einbringung Kohlhases aufzubieten«.

In Brandenburg brach ein Terror- und Schreckensregime aus. Listen von Kohlhase-Anhängern wurden abgearbeitet, die Henker hatten mit dem Hinrichten echter und angeblicher Helfer voll zu tun. Mitverschworene wie Unschuldige endeten auf dem Rad oder wurden mit dem Schwert hingerichtet. Hans Kohlhase blieb seinen nunmehr offen agierenden Feinden nichts schuldig und machte nicht mehr vor kurfürstlichem Eigentum halt. Anfang 1540 überfiel er den Faktor der kurfürstlichen Münze zu Berlin, Konrad Dretzieher, der mit Silber aus dem Mansfeldischen zum kurfürstlichen Hof in Berlin unterwegs war. Kohlhase erwartete ihn dort, wo der Königsweg über die Bäke (Teltower Fließ) hinüber in die spätere Parforceheide führte, und versenkte das Silber angeblich unter der Brücke. Die Gegend weit im Südwesten Berlins heißt noch heute Kohlhasenbrück, die Brücke über den Teltowkanal allerdings nach einem später dort ansässigen Fabrikanten Nathanbrücke. Ob die Kohlhaas-Eiche noch am Königsweg 313 steht, finden Sie vielleicht selber heraus.

Joachim II., gerade zum Protestantismus übergetreten, bot Kohlhase einen Separatfrieden an. Der vertraute ihm und kam – angeblich durch Zauberkünste des Henkermeisters Hans beeinflusst – heimlich nach Berlin. Hier kannte ihn jeder. Kohlhase verbarg sich bei seinem gutem Freund und Gevatter, dem Küster Thomas Meißner, in dem Gässchen bei der Nicolai-Schule.

Spitzel meldeten Kohlhases Ankunft in der Stadt. Joachim ließ die Stadttore schließen und an den Straßenecken ausrufen: »Wer den Kohlhase oder seine Gesellen haust oder hegt, oder bei wem sie gefunden werden, der soll am Leben gestraft werden.« Kohlhases Schwager Nagelschmidt hatte sich heimlich im Hause eines alten Ehepaars namens Puttlitz versteckt und wurde dort gefunden. Die Puttlitzens wussten nichts von seiner Anwesenheit, wurden aber dennoch auf den Neuen Markt geschleppt und gnadenlos hingerichtet. Kohlhase fand man in Meißners Haus in einer Truhe auf dem Boden. Er und Meißner wurden sofort verhaftet. Seine Frau blieb unentdeckt; in einem Verschlag beim Cöllnischen Rathaus kam sie mit zwei toten Kindern nieder. Auch Kohlhases Gesellen Hans Graßmuß, einem angeblichen Schwarzkünstler, gelang es, unerkannt zu entkommen.

In Berlin löste die Nachricht von Kohlhases Festnahme Tumulte vor dem Rathaus aus. Natürlich tat der Scharfrichter in der Folterkammer auf dem Dachboden der Gerichtslaube alles, um die Namen der Mitstreiter und Verschworenen aus den drei Gefangenen herauszupressen. Die aber blieben stumm.

Für Montag nach Palmarum, den 22. März 1540, ordnete der Kurfürst die feierliche Abschlusssitzung des Gerichts und die Urteilsverkündung an. In der Gerichtslaube warf der Wirkliche Geheime Justizsekretär Seiner kurfürstlichen Gnaden den dreien die »Verletzung des ewigen Landfriedens« vor. Kohlhase verteidigte sich: »Verstoßen ist der, dem der Schutz der Gesetze versagt ist ...«

Ein Reiter überbrachte vom nahen Schloss Joachims Befehl, die Hinrichtung sofort zu vollstrecken. Kohlhase sollte durch das Schwert, Nagelschmidt und Meißner hingegen sollten durch Zerstoßung ihrer Glieder mit dem Rad zum Tode gebracht werden. Kohlhase protestierte: »Ich habe mit meinen Genossen gemeinsam für das Recht gestritten, und ich will ohne Gnadenwort gleich ihnen den Tod erleiden.« Nach anderen Quellen aber war es Nagelschmidt, der forderte: »Gleiche Brüder, gleiche Kappen!«

In der ersten Nachmittagsstunde wurden die drei Delinquenten zum Rabenstein vor dem Oderberger Tor geführt, wo man zuerst Nagelschmidt, dann Meißner und schließlich Kohlhase aufs Rad flocht. Die Berliner, sonst allzu gern bereit, das schaurige Schauspiel zu genießen, zeigten sich diesmal störrisch. Steine wurden geworfen, Hunderte versuchten, die Richtstatt zu stürmen. Kurfürstliche Spießreiter und Landsknechte kämpften gegen die Menge an. Hans Kohlhases

letzte Worte auf dem Rad sind überliefert: »Nie sah ich einen Ge-
rechten verlassen!«

Seine Leiche blieb am Galgen hängen und blutete angeblich vier
Wochen lang – ein sicheres Zeichen Gottes für seine Unschuld, wie
das Volk meinte.

Die Dankbarkeit der Fürsten: Benjamin Raule und der Minister Danckelmann

Kohlhase hatte sich den Hass des Kurfürsten immerhin selbst zuzu-
schreiben. Aber auch die Dankbarkeit der Fürsten erwies sich häufig
als begrenzt. Der aus einer westflandrischen Familie stammende
Seefahrer Benjamin Raule (auch Raulé, 1634–1707) bekam das zu
spüren. 1675 erbat er vom Großen Kurfürsten einen Kaperbrief gegen die Schweden, mit denen sich Brandenburg-Preußen im Krieg befand. Im Juni desselben Jahres errang der Große Kurfürst bei Fehr-
bellin seinen großen Sieg über die Schweden.

Raule rüstete in Amsterdam drei Schiffe aus. Brandenburg übernahm die Kosten für drei weitere und für die Anwerbung der Mann-
schaften. In kurzer Zeit kaperte Raules Flotte 21 feindliche Schiffe,
musste sie aber wieder freigeben, weil Holland und England Raules
Kaperbrief nicht anerkannten. Raule floh verschuldet nach Berlin
und wurde im August 1677 zum »Ober-Director unserer Seesachen«
ernannt. Er übernahm das Kommando einer neu gebauten Flotte
und wollte den Kaperkrieg in Spanien fortsetzen – diese Art halble-
galer Seeräuberei wurde erst 1856 endgültig abgeschafft.

In Westafrika, wo 1683 das brandenburgische Fort Groß Fried-
richsburg gegründet wurde, trieb Raule Handel. 1681 stieg er zum
Generaldirektor der Marine mit monatlich vierhundert Talern Gehalt
auf. In Berlin hatte er 1678 das Ballhaus auf dem Friedrichswerder
gekauft und zu »Raules Hof« ausgebaut. Später wohnte dort der bekannte Erfinder des Brustpulvers, Dr. Kurella. »Raules Hof« lag an der
Alten Leipziger Straße auf dem Gelände des heutigen Außenministeriums.

1684 erwarb der Große Kurfürst neun Schiffe mit 176 Kanonen von Raule, der selbst Chef der Flotte blieb. Zwei Jahre vor dem Tod des Großen Kurfürsten kaufte Raule das Gut Rosenfelde (seit 1699 Friedrichsfelde), wo er noch 1688 den Kurfürsten empfing. Als der am 9. Mai starb, wurde Raule inhaftiert. Wie üblich räumte der Sohn nach dem Thronwechsel mit den Günstlingen des Vaters auf. Außerdem mochte der neue Kurfürst Friedrich III. keine Flotte. Der Erste Minister, Eberhard Christoph Balthasar Freiherr von Danckelmann (1643–1722), setzte sich jedoch für Raule ein, was 1690 zu dessen Rehabilitierung führte. Danckelmann handelte nicht ganz uneigennützig, war er doch selbst an Raules Gewinnen beteiligt. Doch 1697 wurde auch er gestürzt und verhaftet. Man warf ihm eine schlechte (nämlich zu straffe, dem verschwenderischen Kurfürsten Friedrich hinderliche) Finanzpolitik und außenpolitische Misserfolge vor.

Auch Raule musste sich daraufhin einer Tiefenprüfung unterziehen, bei der man Bilanzfälschungen und ein Minus von 454 400 Talern feststellte. Es war aber gar nicht dieser Umstand, sondern Rufmord, der den 64-Jährigen richtete. Am 12. Dezember 1698 rückte er auf die Festung Spandau ein, wo schon der gerade verhaftete Danckelmann einsaß. Raules Vermögen wurde eingezogen, er selber im Mai 1702 nach Emden entlassen. Frau und Tochter waren gestorben. Er durfte 1705 nach Hamburg übersiedeln, wo er am 17. Mai 1707 verstarb. Sein Vermögen und all seine Güter kassierte der preußische Staat.

Seinem Protegé Danckelmann, einem Juristen aus gutbürgerlichem Geschlecht in oranischen Diensten, erging es – wie schon angedeutet – nicht besser. Er wurde 1663 Erzieher des zweitgeborenen Prinzen Friedrich III. (1657–1713), dessen älterer Bruder Karl Emil jung starb. Danckelmann wurde Friedrichs Freund und Vertrauter und kurbrandenburgischer Kammerrat. Im Mai 1688 begann sein anscheinend unaufhaltsamer Aufstieg zum Geheimen Staats- und Kriegsrat, 1692 wurde er Regierungspräsident in Kleve, 1695 Premierminister und Oberpräsident. Kaiser Leopold erhob ihn und seine sechs Brüder in den erblichen Freiherrenstand. Als kluger Finanzfachmann versuchte Danckelmann Friedrichs Hang zu übermäßigen Ausgaben auf nützliche Gegenstände zu lenken. Ihm verdankte

Brandenburg die Kopfsteuer, die 1691 für alle Bewohner, also auch für den Adel, eingeführt wurde. Danckelmann lehnte die angestrebte Königswürde für Friedrich wegen der damit verbundenen Kosten ab. Am 27. November 1697 gewährte ihm der Kurfürst einen ehrenvollen Abschied mit hoher Pension. Doch die Ränke von Danckelmanns Nachfolger Freiherr von Kolbe (später Reichsgraf von Wartenberg), dessen Frau – eine Gastwirtstochter aus dem Rheinischen – die Mätresse des Königs war, ließen Danckelmann tief stürzen. Nur dreizehn Tage nach seiner Verabschiedung wurde er verhaftet und in die Festung Spandau verbracht. Man beschuldigte ihn, Staatspapiere nicht richtig abgeliefert und gegen ausdrücklichen Befehl Verhandlungen mit fremden Ministern gepflogen zu haben. Später wurde er in die Festung Peitz gebracht, wo er ohne eigentliches Urteil lebenslänglich gefangen gehalten werden sollte – aller Güter und seines Vermögens beraubt. Die 290 Untersuchungsartikel, die man ihm vorwarf, waren fast alle gegenstandslos.

Ab 1704 erhielt Danckelmann zeitweise Ausgang, 1707 wurde er nach Cottbus entlassen. Erst der Soldatenkönig Friedrich Wilhelm I. rief ihn 1713 ehrenvoll an den Hof zurück. Danckelmann starb am 1. März 1722 in Berlin, ohne seine Güter zurückerhalten zu haben.

Der freche Attentäter Tschech

Es ist erstaunlich, dass sich kaum jemals ein derartig ins Unrecht gesetzter Bürger an der hohen Obrigkeit zu rächen versuchte. Erst aus dem 19. Jahrhundert sind solche unerhörten Ereignisse bekannt. So schoss am 26. Juli 1844 der ehemalige Offizier und Storkower Bürgermeister Heinrich Ludwig Tschech (1789–1844) aus persönlicher Verärgerung über seine Amtsentlassung mit einem Doppelpistol auf König Friedrich Wilhelm IV., als der gerade mit seiner Gemahlin im Schlosshof in eine Kalesche einstieg, um nach Schlesien abzufahren. Tschech, der klassische Einzeltäter, wurde ergriffen und vom Pöbel beinahe gelyncht, bevor ihn die Wache ins Kriminalgefängnis schaffte.

Nach langer Verhandlung wurde er »zur Schleifung zur Richtstätte und zur Todesstrafe des Rades von oben herab« verurteilt:

»Mittels allerhöchsten Reskripts haben S. M. der König der Gerechtigkeit freien Lauf zu lassen befohlen, unter der Maßgabe, daß die erkannte Todesstrafe des Rades von oben herab mit Wegfall des Schleifens zur Richtstätte in die des Beils verwandelt werde. Demgemäß ist der Heinrich Ludwig Tschech heute auf der Richtstätte zu Spandau mittels des Beils vom Leben zum Tode gebracht worden. Berlin, den 14. Dezember 1844. Königlich preußisches Kammergericht.«

Hatten die Berliner anfangs Tschechs Attentat scharf verurteilt, weckte sein Schicksal nun Sympathien. In einem vielstrophigen und weit verbreiteten Couplet sang man:

> Der verruchte Hochverräter,
> Königsmörder, Attentäter,
> Er schoss unsrer Landesmutter
> Durch das gnädge Unterfutter ...
>
> Hatte je ein Mensch so'n Pech
> Wie der Bürgermeister Tschech,
> Daß er diesen dicken Mann
> Auf zwei Schritt nicht treffen kann!

In Wahrheit war nur der erste Schuss fehlgegangen, die zweite Kugel traf den König mitten auf der Brust und wurde nur durch die Wattierung seiner Kleidung aufgehalten. »Kinder, mir fehlt nischt«, äußerte der leutselige Monarch. Dennoch bestätigte er das Urteil unter dem Vorbehalt der Begnadigung, wenn der Verbrecher bei der Verkündigung des Todesurteils Reue zeige und »um sein Leben bitte«. Das tat Tschech jedoch nicht, als die Vollstreckungskommission ihn abends neun Uhr im Verhörsaal des Hausvogteigefängnisses von dem Urteil in Kenntnis setzte. Gefasst verabschiedete er sich von seiner Tochter und wurde von einer Schwadron Kavallerie nach Spandau eskortiert. Nach Angaben seiner Begleiter zeigte er Ruhe und Fassung und rauchte fortwährend Zigarre. Die Hinrichtung wurde mit großer Schnelligkeit nur im Beisein von etwa einhundert zufällig (!) vorüberkommenden Landleuten vollzogen.

Es war die letzte öffentliche Hinrichtung im heutigen Berlin.

Willkür gegenüber den Juden

Juden in Berlin

Juden hatten sich schon zur Zeit der Gründung von Berlin und Cölln in der Gegend angesiedelt, das beweisen Gräber auf dem Areal der Spandauer Zitadelle. Der älteste Grabstein mit hebräischer Inschrift stammt dort aus dem Jahr 1244. Seit 1295 ist die Anwesenheit von Juden in Berlin nachgewiesen, denn in jenem Jahr wurde den Wollenwebern untersagt, bei ihnen Garn zu kaufen.

Die wenigen Judenfamilien wohnten in dem Rat gehörenden Zinsbuden und lebten dort in strengster Absonderung. Der Kleine Jüdenhof, eine Sackgasse oder Geckol zwischen Klosterstraße und nördlicher Stadtmauer, wurde jeden Abend durch eiserne Tore verschlossen. Die Juden galten als Eigentum des Landesherrn, waren so genannte »Kammerknechte« und dem Pöbel bei jedem Tumult und bei jeder Epidemie ausgesetzt. Sie hätten Hostien geschändet, Christenkinder ermordet oder Brunnen vergiftet, hieß es. Man beraubte und drangsalierte sie ungestraft – wie etwa in den Pestjahren 1348 und 1500 – und vertrieb sie mehrfach. Im Jahre 1354 wurden in Berlin wieder sechs jüdische Familien zugelassen.

1406 verbot der Bischof erneut bei Strafe des Bannes jeglichen Umgang mit ihnen, und 1480 forderten die Märkischen Landstände, alle Juden aus dem Lande zu jagen. Doch so sehr sich der Hass immer wieder gegen die Juden richtete – ohne sie kam vor allem der Adel nicht aus. Juden durften im Gegensatz zu Christen Zinsen für verliehenes Geld nehmen, deshalb waren sie häufig die letzte ergiebige Geldquelle für die verschwenderischen Landesherrn. Auch Kurfürst Joachim I., so gern er sie aus dem Land haben wollte, benötigte ihr Geld. Die Landesverweisung blieb immer noch als Möglichkeit, waren die Schulden bei den Juden hoch genug angewachsen.

Der Hostiendiebstahl

Eine besonders schaurige Geschichte trug sich im Jahre 1510 zu. Am 10. Februar des Jahres entdeckte der Pfarrer des kleinen Dorfes Knoblauch bei Brandenburg den Diebstahl der vergoldeten Monstranz und der Messingbüchse mit den geweihten Hostien aus der Kirche. Die Hostie, eine ungesäuerte Oblate, die den Leib des Herrn verkörpert, genießt eine äußerst hohe Verehrung. Nur geweihte Priester dürfen sie berühren.

Teile der Monstranz fand man bald darauf im Graben an der Stadtmauer von Bernau. Der Verdacht fiel sofort auf den Kesselflicker Paul Fromm, der in der Bernauer Liste potenzieller Missetäter obenan stand. Fromm, der die Justizmethoden seiner Zeit kannte, ergriff rechtzeitig die Flucht, kehrte unklugerweise aber noch einmal in sein Haus zurück und wurde gefasst. Um der grausamen Tortur zu entgehen, legte er sofort ein Geständnis ab, mit dem die Obrigkeit allerdings nicht zufrieden war. Einfacher Kirchenraub und ein geständiger Täter – was war das schon? Weshalb konnten nicht Juden in den Fall verwickelt sein?

Unter der Folter gestand Fromm, was man ihm in den Mund legte: Er habe die Hostie dem Spandauer Juden Salomon verkauft. Der wiederum verriet unter der Folter den Weiterverkauf an andere Juden. Die hätten die Hostie geschändet, bis Blut daraus hervorspritzte. Man beschuldigte schließlich insgesamt einhundert Juden, von denen viele nach Zahlung hoher Schutzgelder erst kurze Zeit in Brandenburg ansässig waren, der Zauberei, der Hostienschändung und des Ritualmordes an Christenkindern.

Alle Beschuldigten wurden nach Berlin gebracht. Am 19. Juli 1510 verurteilte der Bürgermeister und Stadtrichter Hans Brackow Paul Fromm und 38 Juden zum Feuertod. Zwei Juden konvertierten während der hochnotpeinlichen Untersuchung zum Christentum. Ihnen wurde die Gnade zuteil, durch das Schwert zu sterben.

Nach der Urteilsverkündung wurde Fromm auf dem Schinderkarren anderthalb Stunden durch die Gassen Berlins gefahren und dabei mit glühenden Zangen gepeinigt. Auf dem Rabenstein vor dem St. Georgentor warteten schon die Juden, die man mit spitzen Hüten auf den Köpfen unter Steinwürfen und Beschimpfungen hierher getrieben hatte. Dreißig Schritt vom üblichen Schafott kettete man sie auf einem dreigeschossigen, mit Feuerholz, Pech und Schwefel versehenen Holzgerüst mit Halseisen so an, dass sie einander sehen konnten. Fromm schlug man daneben an einen mit Pech bestrichenen Pfahl. Unter dem Johlen des Volkes wurde der Scheiterhaufen angezündet, um »die boshaften, schnöden und verstockten Juden zu Pulver zu verbrennen«.

Gleichzeitig wurden alle Juden aus der Mark ausgewiesen. Obwohl sich die falsche Aussage Fromms bald herausstellte, ließ man Juden in der Mark und in Berlin erst 1539 wieder zu.

Noch heute erinnert ein Granitblock mit einem Gedenkstein und folgender Aufschrift an das schreckliche Ereignis:

»Im Jahre 1510 wurden 38 Berliner Juden wegen angeblicher Hostienschändung verbrannt. Ihre Gebeine sind hier bestattet.«

Das Mahnmal befindet sich in der Gegend Berolina-/Weydemeyerstraße hinter dem Wohnhaus Mollstraße 11. Es stand früher neben der Synagoge des im Krieg zerbombten jüdischen Altersheims in der verschwundenen Litzmannstraße, die im 16. Jahrhundert nach dem jüdischen Begräbnisplatz Judengasse (später Landwehrstraße) hieß. Auf diesem ersten jüdischen Friedhof steht heute das Rathaus Mitte.

Der Münzjude Lippold

63 Jahre nach dem Massenmord an den brandenburgischen Juden und zwei Jahre nach dem Tod des Kurfürsten Joachim II. Hektor kam es in Berlin zu neuen Ausschreitungen gegen die Juden, die wie eine Vorwegnahme der Hinrichtung des Juden Süß Oppenheimer anmuten, der 1738 in Württemberg gehenkt wurde. Wie schon erwähnt, war Joachim Hektor, Kurfürst ab 1535, ein Verschwender von Format. Glücksspiel, Frauen, Wein und übermäßiger Prunk verschlangen mehr, als die bescheidenen Staatseinnahmen hergaben. Nach fünf Jahren Regierungszeit betrugen die Schulden bereits eine Million Gulden; bis zu Joachims Tod wuchsen sie auf 4,7 Mil-

lionen Gulden an. Vergeblich mahnte der haushälterische Rent-
meister Thomas Matthias zum Maßhalten. Allein die Aussteuer von
Joachims Tochter verschlang fünfhunderttausend Gulden, die Hochzeit seiner Nichte Katharina mit seinem Enkel, dem Kurprinzen Joachim Friedrich, kaum weniger.

Kammerherr, Verwalter der Privatschatulle und Münzmeister des
Kurfürsten war inzwischen der Jude Lippold ben Chluchim aus Prag
geworden, den man dort angeblich wegen Münzvergehens bestraft
oder zumindest gesucht hatte. Lippold wurde zur gefürchteten Persönlichkeit am Hof und im Land. Stolz und hochmütig führte er die
Oberaufsicht über alle Juden der Mark, denen Joachim für ein jähr-
liches Schutzgeld von zwanzigtausend Talern die Rückkehr gestat-
tet hatte. Wucher war im Land verboten, doch Lippold verlangte ungestraft 54 Prozent Zinsen von den Schuldnern. Mit kurfürstlicher
Genehmigung nahm er den Kaufleuten Gold und Silber weit unter
dem Preis ab. Kurprinz Johann Georg saß derweil auf Schloss Zechlin und beobachtete das Treiben am Hof mit ingrimmigem Zorn.

Als Joachim Hektor in den ersten Tagen des Jahres 1571 während
eines Jagdaufenthalts im Schloss Köpenick plötzlich starb, war es
vorbei mit dem Lotterleben am Hof. Nach der Huldigung des neuen
Kurfürsten Johann Georg durch den Rat und die Berliner ließ dieser
die Stadttore versperren und zahlreiche Hofschranzen, Mätressen
und Günstlinge arretieren. Nur der Kanzler Diestelmeier behielt sein
Amt. Vier Kommissarien, Oberhofmeister von Arnim und Geheimer
Rat Christoph Meienburg sowie die Hausvogte Sigmund Rosenacker
und Konrad Schreck sollten eine Untersuchung führen.

Münzmeister Lippolds Haus war bereits umstellt; am 6. Januar
steckte man den Münzjuden – nach einer missglückten Flucht? – in
den Kerker. Die vier Kommissarien überprüften alle Papiere Lippolds,
konnten jedoch keine Unregelmäßigkeiten feststellen. Dennoch begann nun die allgemeine Judenhetze, die sich schnell zum Pogrom
ausweitete, nachdem die Menge einmal in die Synagoge in der Klosterstraße eingedrungen war.

Die Schulden des Kurfürsten bei Lippold betrugen neunhundert-
tausend Gulden, und Zinsen hatte der Jude von seinem Gönner nicht
verlangt. Dafür wurden ihm die Steuern und Zolleinnahmen der Mark
verpfändet. Der neue Kurfürst wusste, dass er dieses Geld nicht zah-

len konnte. Also musste Lippold weg. »Der Saujud soll bekennen, dass er den Vater mit Hilfe eines Zauberbuchs behext, ihn mit einem Gifttrank ums Leben gebracht hat, um selber Herr der Mark zu werden«, beschloss er.

Angeblich soll Lippolds eigene Ehefrau Magdalene ihren Mann mit dem ominösen Zauberbuch belastet haben. Er wurde in die Folterkammer unter dem Rathausdach geführt, der Scharfrichter Meister Balzer – nach anderen Quellen ein gewisser Benedictus Barsch, in jedem Fall »ein wahrer Folterkünstler« – legte dem Delinquenten Daumenschrauben und Spanische Stiefel an und folterte ihn mit der eisernen Teufelsmaske, bis Lippold alles gestand, was man von ihm hören wollte. Nach einer anderen Überlieferung hat man ihn anfangs nicht gefoltert. Erst nach Widerruf seines Geständnisses habe Balzer ihm so zugesetzt, dass ihm »das Blut zum Hals ausgelaufen« sei.

Am Mittwoch vor Fastnacht des Jahres 1573, das ist der 28. Januar, wurde auf dem Neuen Markt (nicht, wie mitunter berichtet wird, auf dem Hackeschen Markt, denn den gab es noch gar nicht) das Blutgerüst errichtet. Alle Juden der beiden Städte mussten dem Gericht beiwohnen. Man führte Lippold herbei und verlas seine Bekenntnisse. »Lüge, Lüge, alles Lüge«, schrie er auf. »Gott ist mein Zeuge, dass ich unschuldig bin.«

Unter dem Gebrüll der Menge wurde er in die Folterkammer zurückgeschleppt, wo man ihn schnell von seinem Widerruf abbrachte. Übel zugerichtet und kaum noch ein Mensch, wurde er auf einem hölzernen Karren durch die Straßen von Berlin und Cölln gezerrt. Auf dem Karren standen der Scharfrichter und sein Gehilfe, der ein Kohlefeuer schürte. An den Straßenecken peinigte man Lippold zehn Mal mit glühenden Zangen. Schließlich bog der Zug mit zweistündiger Verspätung wieder auf dem Neuen Markt ein. Unter dem Jubel der Menge wurde Lippold »mit vier Stößen gerädert, danach auf einen Tisch gebunden, den Bauch aber auf, die Brust aufgehauen mit einem Beil, das Herz ihm aufs Maul geschlagen«. Der geschundene Körper wurde geviertteilt und an vier Galgen vor den Toren der Stadt aufgehängt, der Kopf auf einer Stange über dem Georgentor aufgespießt; Lippolds Zauberbuch – wahrscheinlich das Buch Jehova – wurde auf dem Neuen Markt verbrannt.

Lippolds Witwe mit ihren neun Kindern fand man mit eintausend Talern ab und jagte sie davon. Sie wandte sich an den machtlosen Kaiser Maximilian II. in Wien, der tatsächlich im April 1574 Einspruch gegen das Verfahren erhob, denn der Schandprozess hatte Aufsehen und Abscheu erregt. Kurfürst Johann Georg wehrte sich frech: Er konfiszierte zusätzlich das Eigentum der Juden, verjagte sie oder ließ sie unter fadenscheinigen Gründen hinrichten. Erst einhundert Jahre später begann die jüdische Gemeinde in Berlin wieder stetig zu wachsen.

Pogrome

Ein Vorfall, der ähnlich weit reichende Folgen wie die Hinrichtung Lippolds hatte, ereignete sich etwa einhundertfünfzig Jahre später. 1721 starb in Berlin der Münzlieferant Veit, der dem Soldatenkönig einhunderttausend Taler schuldete. Nach seinem Tode fand sich in seinem Hause nichts davon, obwohl er als sehr reich galt. Am Morgen des 15. August 1721 musste sich deshalb die gesamte Judenschaft in der sieben Jahre zuvor in Anwesenheit der Königin und ihres Hofstaats eingeweihten Synagoge einfinden. In Gegenwart des Oberhofpredigers wurden die Juden mit dem Bann belegt, Quälereien und schikanöse Verordnungen folgten. Statt des bis dahin üblichen Schutzgeldes mussten die Juden nun jährlich zwanzigtausend Taler zahlen, sie durften keine Häuser besitzen und unterlagen allerlei anderen Einschränkungen. Über dem normalen Galgen wurde ein eiserner Galgen für die Juden angebracht. Ihr Aufenthalt in Berlin und in Preußen blieb von dem Gutdünken und der Geldgier ihrer »Schutzherren« abhängig.

Für das Jahr 1725 vermeldet die Chronik einen neuen Willkürakt. Am 26. November wurde der Jude Hirsch hingerichtet. Er hatte sich des folgenden Vergehens schuldig gemacht:

»Verleumdungen gegen einige königliche Bediente ausgestoßen und (war) deshalb zum Stäupen verurteilt worden. Da er aber während des Strafvollzugs gräßliche Flüche und Gotteslästerungen ausstieß, erkannte ihm der König den Tod zu. Dem Lebendigen wurde die Zunge aus dem Hals geschnitten. Der Henker schlug sie ihm dreimal auf den Mund und befestigte sie dem Gehängten an seiner linken Schulter. Das Volk jubelte laut bei den Schmerzenslauten des Unglücklichen, zog anschließend schreiend und schimpfend vor die Judenhäuser ...«

Die Saat war früh gelegt, die nach 1933 um ein Vielfaches blutiger aufgehen sollte. Von den alten Stätten der Juden ist im Berliner Stadtbild kaum etwas erhalten. Der Große Jüdenhof wurde im Krieg zerstört, abgerissen und mit der heutigen Grunerstraße überbaut. Auf dem Kleinen Jüdenhof zwischen Roch- und Karl-Liebknecht-Straße steht ein hässliches Hochhaus. An die älteste Berliner Synagoge von 1714 in der nahen Heidereutergasse zwischen Spandauer Straße und Rosenstraße erinnert nichts mehr. Nur in der Großen Hamburger Straße verraten ein Denkmal und der (vierte) Grabstein des Moses Mendelssohn, dass hier zwischen 1672 und 1827 etwa zwölftausend jüdische Tote ihre letzte Ruhestätte fanden. Der zweite jüdische Friedhof befindet sich seit 1827 in der Schönhauser Allee nahe dem Senefelder Platz.

Henkergeschichten

Die Henker und ihre Richtplätze

Der Henker war in Berlin und Cölln ein viel beschäftigter Mann, für dessen Einkünfte die beiden Städte im Verhältnis zwei zu eins sorgten. Allein in den 57 Jahren 1391–1448 meldet das Stadtbuch 114 Hinrichtungen, also etwa zwei pro Jahr. Die beiden Städte hatten damals etwa siebentausend Bewohner. Auf die heutige Einwohnerzahlen hochgerechnet, hieße das etwa eintausend Hinrichtungen pro Jahr! Der Scharfrichter war außerdem nicht einfach nur für das Aufhängen oder den letzten Schwerthieb zuständig. Möglichst kunst- und qualvoll hatte er dem Delinquenten zusätzliche Pein zu bereiten: die Augen auszureißen, Ohren abzuschneiden, Hände abzuhacken. Offenbare Fälscher wurden in einer eisernen Kiepe gebraten – was in Berlin anscheinend seltener vorkam. Dafür wurden häufiger glühende Zangen oder ein glühendes Eisen in den Mund des Verurteilten eingeführt.

Die bestialischste Todesart war das Rädern. Dem Übeltäter, der ausgestreckt auf einem Balkengerüst lag, wurden mit einem schweren Rad nacheinander die hohl liegenden Unterarme, die Waden, die Oberarme, die Schenkel, der Bauch und der Rücken zerbrochen und zerquetscht, bevor man den zerschundenen Körper auf das Rad flocht.

In den beiden Städten gab es mehrere Richtstätten. In den frühen Jahren wurden die Urteile in der Nähe des Rathauses auf der langen Brücke von Berlin nach Cölln vollstreckt. Hinrichtungen mit dem Schwert – was als die mildeste Art der Vollstreckung galt – fanden vor den Rathäusern beider Städte statt. Cölln besaß außerdem noch eine eigene Richtstätte, den Gerichtsberg, auch Freistätte genannt, der an der Schöneberger Grenze in der Gegend südlich vom heutigen Potsdamer Platz lag.

Dem Adel blieben die auserlesensten Grausamkeiten bei der Hinrichtung erspart. Als am 8. September 1637 der Cöllner Bürgermeister Jochen (oder Johann) Wedigen vom Junker Hans Georg von Hacke von der Hakenburg (im heutigen Kleinmachnow) aus dem Teltow mit einem Hirschfänger erstochen wurde, erregte der Mord große Empörung und Aufsehen. Hacke (oder Hake) wurde vor dem Cöllnischen Rathaus enthauptet, ohne dass man ihm vorher die Hand abschlug. Die adlige Leiche wurde sofort den Angehörigen übergeben und nicht am Galgen ausgestellt.

Die Chronik berichtet noch von einem anderem Johann Georg Hacke, Erbsass auf Carpzow, der seine Frau, geborene von Quast, »jämmerlich ermordet, hernach in einen Brunnen geworfen, seine Konkubine erschossen, die vorher auf seinen Befehl ein gemeinsames Kind erstickt« hatte. Dagegen nahm sich der Hacke zusätzlich vorgeworfene Ehebruch harmlos aus. Auf dem Rabenstein wurde der zum Tode Verurteilte an beiden Brüsten mit glühenden Zangen gezwickt, aufs Rad gelegt und noch am selben Abend unter dem Rad fast ganz nackt begraben.

Während, wie wir gelesen haben, der Neue Markt vor der Marienkirche (wo Berlins erster Galgen gestanden hatte) vor allem der Volksjustiz vorbehalten blieb, befand sich das eigentliche Hochgericht, der Rabenstein, vor dem Oderberger Tor. Das Oderberger Tor hieß später St. Georgen- oder St. Jürgentor, benannt nach der St. Georgenkirche, die sich in Berlin wie in den meisten Städten vor den Toren befand. Das Blutgerüst oder der Rabenstein erhob sich auf der heutigen Nordseite des Strausberger Platzes, wo früher Weberstraße und Strausberger Straße im spitzen Winkel aufeinander trafen. Als sich die Stadt in Richtung Osten ausbreitete, wurde das Hochgericht in die Gegend der Rosenthaler Landwehr verlegt. Der Platz vor dem alten Georgenkirchhof wurde dann nicht mehr genutzt und blieb jahrzehntelang unbebaut. Noch im Jahre 2002 kamen bei Tiefbauarbeiten vor den Häusern Strausberger Platz 3 und 4 Sargreste und Skelette von diesem Friedhof zum Vorschein, obwohl der Kirchhof selbst bereits 1855 mit der Kirche St. Markus bebaut worden war.

Das Hochgericht ist auf Karten von 1717 und 1748 vor dem Hamburger Tor etwa in der Gegend des heutigen Zille-Parks, dem alten Sophienfriedhof zwischen Berg- und Gartenstraße nördlich der Torstraße, zu finden. 1749 wurde das Hochgericht auf Grund des Baus von Neuvoigtland erneut verlegt, dieses Mal auf einen freien Platz an der Gartenstraße. Um 1838 hieß diese dann Gerichtstraße und der Galgenplatz von 1749 bis 1842 auch Gerichtsplatz, Schinderberg oder des Teufels Lustgarten. Östlich davon erstreckten sich die so genannten Galgenberge.

Gar nicht weit davon entfernt befand sich die Scharfrichterei, gleichzeitig auch die Abdeckerei und der Wohnort des Henkers. Sie »ward 1724 auf königlichen Befehl« auf das Gelände an der Invalidenstraße, den heutigen Platz am Nordbahnhof, verlegt worden, wie man Karten von 1773 und 1802 entnehmen kann. Kurz vor dem Bau der Stettiner Bahn wird der Platz »Alte Scharfrichterei« genannt.

In der neuen (und letzten Berliner) Scharfrichterei am Rande der Jungfernheide, auf dem Gelände des heutigen Universitätsklinikums Rudolf Virchow, lebten um 1858 neun Einwohner und betrieben unter anderem eine Leimsiederei. Der Ort ist noch auf Karten von 1871 als Scharfrichterei und Abdeckerei benannt.

Grausame Strafen

Es gab jedoch weitaus mehr schaurige Hinrichtungsorte in Berlin. Auf dem Molkenmarkt beispielsweise wurden bis 1786 die verurteilten Militärstraftäter hingerichtet, soweit man sie nicht beim berüchtigten Spießrutenlaufen auf den zahlreichen Exerzierplätzen umbrachte. Wie auf allen Marktplätzen der Stadt, wo viele Leute zusammenkamen »und leicht ein Alarm entsteht«, stand auch am Molkenmarkt ein Gardekorps Soldaten bereit. Nachdem man dort 1672 einen Soldaten gehenkt hatte, hielt man es für nötig, einen neuen Galgen zu errichten und mit dem Hängen zweier weiterer Soldaten, die »Ertz-Diebe« gewesen, einzuweihen. Der eine war der Sergeant Claus Behrend, der Hehler, der andere der Musketier Otto, genannt der Stehler. Da Behrend katholisch war und ein in der Stadt anwesender kaiserlicher Gesandter für ihn bat, durften die beiden unter dem Galgen gegeneinander spielen. Vielleicht liegt hier der Ursprung der Sage vom Todeswürfel, von der wir in einem der vorigen Kapitel schon ausführlich berichtet haben. Jedenfalls verlor Otto und musste hängen. Über Behrend schweigt der Chronist.

Gleich um die Ecke, vor dem Stralauer Tor (in manchen Quellen auch in der Spandauer Vorstadt), »sackte« man Kindesmörderinnen: Man steckte sie lebend in einen Sack, den sie selbst vorher nähen mussten, und ertränkte sie in der Spree.

Die Nachrichten über Kriminalfälle und Hinrichtungen sind zahlreich:

»Anno 1574 im Junio wurden in Berlin erstlich mit glühenden Zangen gerissen, geschleiffet und mit dem Rade vom Leben zum Tode gebracht zween Mörder und Brüder – da doch der eine nur 19 Jahre alt war – welche in kurtzen Jahren 20 Morde in Chur-Sachsen, in der Chur Brandenburg und im Fürstenthum Anhalt an Mann und Weibs Personen, auf freyer Strasse begangen, auch viele Kühe und Pferde den Leuten genommen, todt geschlagen und geschunden, und sonsten auch über dis, viel andere Dinge geraubet und gestohlen hatten.

Anno 1576 im Herbst und Vorwinter ist zu Berlin und Cölln an der Spree abermahl ein grausam pestilentzisch Sterben gewesen, also daß etliche tausend darin aufgangen, und in diesen Sterben hat eine Magd die Hanß Möllerin zu Berlin, bey der sie gedienet des Nachts überfallen, und im Bette umgebracht ist aber darnach wiederum nach Verdienst hingerichtet worden.«

Im November 1675 trug sich in der Stralauer Straße ein ähnlich erschröcklicher Casus zu. Ein Weib namens Anna Maria versteckte sich im Hause des Bäckermeisters Peter Baumen hinter dessen Bett und überfiel ihn in mörderischer Weise mit einem Messer, das sie extra gekauft hatte, um ihm die Kehle aufzuschneiden – was ihr glücklicherweise nicht gelang. Baumens Magd und sein Geselle kamen dem Meister zur Hilfe und erretteten ihn vor der Frau. Die wurde am 12. Januar 1676 vor dem Berlinischen Rathaus enthauptet, »nachmals auf die neue Wagen-Bude gebracht, woselbst ihr die Haut abgezogen und hernach *anatomiret* worden«.

Ein weiterer Fall hatte für Aufsehen gesorgt:

»Im Jahr 1684 begab sichs, daß zween Martin Ellingers, Bürger und Fischers in Berlin, Frau, als dieselbe Abends nach Hause gehen wollen überfallen, und ihr das Geld, so sie von Fischen gemarktet, genommen. Weil sie nun auch sonst allerhand Diebstall begangen, ward einem der Kopff abgeschlagen, und nachmals der Cörper auf dem Rade geleget, der Kopff aber drauf genagelt. Einer aber ward gehenket.«

Zwei Jahre später wurden in Herrn von Canitzens Haus in der Poststraße etliche tausend Taler gestohlen. Man nahm eine ganze Reihe von Verdächtigen fest, darunter die Frau des Stallschneiders Halbfuß und deren Schwester samt Ehemann. Unter der Tortur gestanden letztere, das Geld gestohlen und außerhalb der Stadt vergraben zu haben. Nachdem das Geld und die Tatwerkzeuge gefunden waren, wurden der Schwager des Halbfuß und ein Jude als Täter »justificiret«.

»Am Galgen ward der Christ enthauptet und zwischen zwei alten Räder-Pfählen begraben. Der Jude aber auswendig am Galgen gehänket und mit zwei Ketten um den Hals und Leib fest umklammert.«

Ein Duell und seine appetitlichen Folgen

Mit dem Anwachsen des Militärs in der Stadt waren blutige Raufereien, Duelle und sonstige Roheiten unter den Soldaten gang und gäbe. Friedrich III. gab eine Order aus, die den überlebenden Duellanten mit dem Tode bedrohte, und setzte dieses Gesetz mit voller Strenge durch. Am 22. März 1698 duellierten sich zwei alte Unteroffiziere auf dem Holzmarkt vor dem Stralauer Tor – vor dem heutigen S-Bahnhof Jannowitzbrücke also. Der sechzigjährige Bartel Jürgen erstach den zehn Jahre jüngeren Hänschen Todt. Todts Leiche durfte auf Befehl des Kurfürsten nicht begraben werden, sondern musste bis zum Prozess im cöllnischen Wursthof (!) liegen bleiben. Drei Wochen nach dem Duell führte man Bartel zum Galgen auf dem Rabenstein vor dem St. Jürgentor und zog Todts halb verweste Leiche auf einem Schlitten herbei. Man bekleidete sie wieder mit dem blutigen Duellhemd, dann wurden beide Duellanten gehenkt und mit Ketten an den Hälsen aneinander gekettet. Zur Warnung ließ man sie hängen, bis sie von selber herabfielen.

Das Henkerhaus

Die Regierungszeit des Schiefen Fritz scheint überhaupt von besonderem Liebreiz für die Berliner gewesen zu sein. Im Jahre 1693 hatte das Raubwesen so überhand genommen, dass potenziellen Denunzianten ein Viertel der Beute versprochen beziehungsweise Straffreiheit zugesichert wurde. Drei Jahre später erließ der Kurfürst ein Gesetz, nach dem alle Diebstähle, auch wenn der Wert der gestohlenen Sachen zehn Taler nicht überschritt, mit dem Strang zu bestrafen waren. Da diese grausame Strenge anscheinend wenig Wirkung zeigte, verschärfte man das Gesetz 1705: Dieb und Diebeshehler waren fortan direkt vor dem Haus aufzuhängen, in dem der Diebstahl stattgefunden hatte.

Der Nachfolger des Schiefen Fritz war der Schreckensherrscher Friedrich Wilhelm I., der Soldatenkönig. Er hatte seine ganz eigene Vorstellung von Gerechtigkeit: Einen seiner geliebten langen Kerls, der einen räuberischen Einbruch begangen hatte, prügelte er eigenhändig von den Richtern frei. Aber ansonsten begnadigte er nicht einmal einen zehnjährigen Knaben, der zum Tode durch den Strang verurteilt worden war, weil er die Straßenlaternen in Berlin bestohlen hatte. 1735 erschien eine weitere Verordnung gegen die Hausdiebe: Jeder Bedienstete, egal ob männlich oder weiblich, der seinem Herrn über drei Taler stahl, sollte »alsobald durch summarischen Prozess ohne Unterschied des Gestohlenen an oder vor dasselbe Haus, darin gestohlen, zum öffentlichen Spektakul aufgehenket und mit dem Strange vom Leben zum Tode gebracht werden«. Die Strafe wurde erstmals im Dezember 1735 an einem Bedienten – angeblich einem Mohren – des geheimen Staats- und Kriegsministers von Happe vollzogen, der die immerhin bedeutende Summe von zweitausend Talern gestohlen hatte. Seit diesem Tage heißt das Haus in der Brüderstraße 10 das Galgenhaus. Die Brüderstraße war nach den schwarzen Dominikanerbrüdern im Kloster auf dem Schlossplatz benannt worden.

Die Geschichte mutierte schnell zur Sage vom Henkerhaus. In selbigem Hause, dem Hause des Ministers, so erzählt es der Volksmund in vielerlei Versionen, sei ein silberner Löffel vermisst worden. Da alle Bediensteten dem Minister seit Jahren treu dienten, geriet ein eben erst in Dienst genommenes Hausmädchen in Verdacht, das zudem Umgang mit einem armen Soldaten pflegte. Die Dienstmagd wurde zum Tode verurteilt und vor der Happeschen Haustür aufgehängt. Kurze Zeit später fand sich der Löffel, den eine zahme Ziege – nach anderer Lesart eine Elster – verschleppt hatte.

Das Loch des Galgenpfahls ließ sich nicht mehr zuschütten, so oft man es auch zu füllen versuchte. Das Haus, ständig von einer neugierigen Menge umlagert, geriet derart in Verruf, dass Happe es loszuwerden suchte. Kaufen wollte es niemand. So musste es 1737 schließlich der Berliner Magistrat auf königlichen Befehl erwerben und richtete darin die Berliner Propstei ein. Das Galgenloch wurde mit einem Gitter versehen und als Kellerloch benutzt.

Tatsächlich kam am 24. Mai 1737 in der Brüderstraße – nach anderen Quellen in der Markgrafenstraße – die Magd des Geheimen Rats Truzettel, die drei Taler und zwölf Groschen – vielleicht auch sieben Taler und zehn Groschen – gestohlen hatte, an den Galgen vor dem Haus Truzettels und hing dort bis Sonnenuntergang, bevor man die Leiche an den Galgen vor dem Tor brachte.

Schon sechs Jahre zuvor hatte sich der Fall des Kaufmanns Lampert in der Brüderstraße ereignet. Der vermisste vor der Abreise plötzlich Goldstücke im Reisegepäck. Der Verdacht fiel auf das Dienstmädchen Marie Keller, die den Diebstahl jedoch standhaft leugnete. Von der Juristischen Fakultät der Universität Frankfurt/Oder zum Verhör unter der Folter verurteilt und durch ungeschicktes Verhalten der eigenen Mutter zusätzlich belastet, gab die Angeschuldigte unter der Tortur »ihr verstocktes Leugnen« auf und wurde gehenkt. Einige Zeit später beging Lamperts Frau Selbstmord und hinterließ ein Geständnis: Sie selber hatte die Dukaten aus dem Gepäck ihres Mannes entnommen.

Die barbarische und wahrhaft schaurige Rechtspraxis führte eher zum Rückgang der Anzeigen. Kein rechtschaffener Bürger wollte einen Galgen vor seinem Haus sehen. Fest steht jedenfalls, dass Friedrich Wilhelms I. unbarmherzige Strenge »den Berlinern das schauerliche Schauspiel grauenhafter Hinrichtungen mit Foltertorturen häufiger bereitet(e) als jemals in früherer oder späterer Zeit«. Bald fanden die Hinrichtungen wieder auf dem Richtplatz vor den Toren statt.

1710 entging Erdmann Briesemann zunächst einmal dem Tode, obwohl er seinen Meister, den königlichen Hofkürschner Martin Henrich mit einem Klöppel erschlagen hatte. Er gestand die Tat weder unter der Folter noch auf dem Gerichtsplatz, wohin man ihn des Ehebruchs mit seiner Meisterin wegen führte. Nachdem er aber einige Jahre auf der Festung Peitz verbracht hatte, bekannte er sich zu der Tat, »bereute sie herzlich und gehet mit Freuden zu der ihm auferlegten Strafe«.

Die späte Reue des Mörders wirft ein bezeichnendes Licht auf die Haftbedingungen in Peitz. Am 13. November 1716 wurde Briesemann in Berlin geköpft und aufs Rad gelegt. »Ist ein denkwürdiges Exempel der wunderbaren Gerichte Gottes«, merkt Jakob Schmidt an.

Diebstahl im Schloss

Am 8. Juni 1718 war wiederum die ganze Stadt auf den Beinen, als der Schlosskastelan Valentin Runck und der Hofschlosser Daniel Stieff aufs Rad geflochten wurden. Die beiden Schlossbediensteten hatten ihre Stellung ausgenutzt, um mittels von Stieff gefertigter Nachschlüssel »erhebliche Wertsachen und Geld« aus dem Schloss zu stehlen, vor allem nämlich Medaillen aus dem königlichen Münzkabinett. Ein Goldschmied, der als Hehler fungierte, bot sie ausgerechnet dem Kabinettaufseher La Croze an, der seinen Bestand nur allzu gut kannte. Der Soldatenkönig ließ die beiden Diebe mit glühenden Zangen foltern und auf dem Schinderkarren drei Stunden durch die Stadt fahren, bevor sie dann vor den Augen ihrer Ehefrauen lebendig gerädert wurden. Die Frauen, die nichts von den Diebstählen gewusst hatten, kamen »auf Königs Gnade« lebenslänglich nach Spandau.

Schon 1655 war ein Dieb, der im Schloss eine silberne Konfekt-schale gestohlen hatte, auf dem Rabenstein erst mit dem dritten Streich des Scharfrichters Gottfried enthauptet worden. Ihm folgte 1699 »ein Weib, das einen Churfürstlichen Silbernen Teller gestohlen«.

Der verräterische Henkerknoten

Unter dem Alten Fritzen besserten sich die Justizverhältnisse. 1748 erließ Friedrich II. eine Order, wonach jedes Verfahren innerhalb eines Jahres abgeschlossen sein müsse. 1754 legte ihm sein Großkanzler Samuel von Cocceji schließlich die Kabinettsorder zur Unterschrift vor, die jegliche Tortur außer bei Landesverrat, Majestätsverbrechen und großen Mordtaten verbot. Als unmittelbarer Anlass zu dieser überraschend progressiven Maßnahme ist die Geschichte vom Henkerknoten in mancherlei Form überliefert.

In der Behrenstraße, so heißt es, wohnte eine wohlhabende Witwe, die man eines Morgens erdrosselt in ihrem ausgeraubten Haus auffand. Das Dienstmädchen sagte aus, die Frau sei am Vortag mit ihrem nichtsnutzigen und leichtlebigen Sohn in Streit geraten, der stets nur Geld von ihr forderte. Unter der Folter gestand der missratene Sohn denn auch die Untat und wurde zum Tode durch denselben Strang verurteilt, mit dem er seine Mutter erdrosselt hatte. Am Tag der Hinrichtung stand er schon unter dem Galgen, als der Henker den Strick in die Hand nahm und den kunstvollen Knoten darin bemerkte. »Diesen Knoten kann nur ein Henker oder Henkersknecht geknüpft haben«, rief er aus, und schon erblasste einer seiner Knechte, in dem man nun unschwer den wahren Täter erkannte. Im Verhör gestand er, dass die Dienstmagd, die den Sohn so stark belastet hatte, ihn zu dem Mord angestiftet habe, um an das Geld ihrer Herrin zu gelangen.

Die Wahrheit ist wie meist etwas prosaischer. Eine Witwe Krüger lebte um 1753/54 in einer Wohnung über dem Stelzenkrug am Alexanderplatz. Eines Morgens fand man sie ermordet. Der Verdacht fiel auf ihren Untermieter Clemens Reichelt, einen jungen

Kandidaten der Theologie. Der leugnete hartnäckig, legte jedoch unter der Tortur ein Geständnis ab. Da ihn jedermann als unbescholten und friedlich kannte, wandten sich einige Bürger an Friedrichs Großkanzler von Cocceji und baten um eine eingehende Untersuchung. In deren Verlauf wurde festgestellt, dass der komplizierte Knoten im Strick, mit dem die Witwe erdrosselt worden war, tatsächlich von einem Fachmann herrühren müsse. Bei weiteren Nachforschungen ergab sich, dass die Brüder der Witwe zwei Spandauer Henkersknechte waren, die man am Abend vor der Tat in der Nähe des Stelzenkrugs gesehen hatte. Die beiden gestanden den Mord; sie hatten ihn begangen, um an den Besitz der Schwester zu gelangen. Reichelt wurde freigelassen und die wahren Mörder wurden hingerichtet. Cocceji erstattete dem König Bericht, und der erließ am 4. August 1754 jene Order wider die Tortur in Brandenburg und Preußen.

Friedrichs Geheimorder

Es gab eine weitere königliche Order aus dem Jahre 1749, deren Inhalt dem schaulustigen Volk erstaunlicherweise jahrzehntelang verborgen blieb. Doch profitierten in der Folgezeit die meisten zum Tode Verurteilten von dieser Geheimorder – auch der 28-jährige »Hausdieb und Mordbrenner« Johann Christian Höpner aus Landsberg an der Warthe, der zwei Tage vor dem Tod des großen Friedrich, am 15. August 1786, öffentlich verbrannt wurde.

Höpner stand als Bedienter bei dem Kriegsrat Fäsch Am Kupfergraben 7 in Diensten. Der zweigeschossige Barockbau von 1756 ist als »Magnushaus« der Deutschen Physikalischen Gesellschaft erhalten geblieben. Höpner hatte seinem Dienstherrn über eintausend Taler aus einem Schrank gestohlen und anschließend unter diesem Schrank und unter den Betten im Nebenzimmer Feuer gelegt.

»Das bereits ausgebrochene Feuer ward zwar glücklich gedämpft, der Höpner aber Verdachts halber eingezogen, welcher auch 10 Tage nachher die ganze schwarze Tat eingestand. Durch gesprochenes

Urteil und Recht ward ihm mit dem Feuer vom Leben zum Tode gebracht zu werden zuerkannt. Dem zu folge ward er am 15. August vor
das Berlinische Rathaus geführet, daselbst das peinliche Halsgericht
über ihn geheget und der Stab zerbrochen wurde. Hierauf ward der-
selbe unter Bedeckung eines Bürger Commandos zum Tor hinaus
nach dem Gerichte geführt, wo unweit des Galgens der Scheiter-
hauffe angefertigt und um welchen die Wachtparaden der Berliner
Garnison einen Kreis geschlossen hatten. Nach dem Eintritt in den
Kreis und nach kniend verrichteten Gebete legte der Delinquent
Rock, Hut und Schuhe ab und ward durch die Scharfrichter in den
Scheiterhaufen geführt, welcher letztere hierauf angezündet und so
die von dem Höpner wohlverdiente Strafe an ihm zum warnenden
Beispiel für andere vollzogen wurde.«

Auf Friedrichs Geheimorder wird in dem Bericht kein Bezug genommen. Dafür aber ist die »Spezifikation derer Gerätschaften, welche
zur Verbrennung des berüchtigten Delinquenten« gebraucht wurden,
überliefert:

»Ein Pfahl aus Eichenholz, $3/4$ Fuß breit und 14 Fuß lang.
16 Klafter trockenes Holz, $1/2$ Klafter Kien.
12 Stück etwa 12 Fuß lange Latten zur Befestigung des Scheiterhaufens, 16 12 Fuß lange Bretter, $1/2$ Tonne Teer,
4 Pfund Schwefel, 2 Schock große Nägel
1 eiserner Kohlenkessel nebst einem Sack Kohlen,
2 Leitern zum Aufsteigen, ein Schemel zum Gesäß des Delinquenten, Ketten zum Fesseln, Haken und so fort.«

Auch die kommentierte Abbildung des dreifachen Mörders und Post-
räubers Christian Lenz, »Schlächter Gesellen aus Orangenburg, wie
er den 19. Januar 1790 aus der Hausvogtei nach Urteil und Recht
auf einer Schinderkarre mit einer Kuhhaut umgeben, rückwärts gesetzt nach der Gerichtsstätte geführt, daselbst von unten auf lebendig gerädert und hernach aufs Rad geflochten«, erwähnt Friedrichs
Order nicht.

Preußens letzter Scheiterhaufen loderte am 28. Mai 1813, dem
Freitag nach Himmelfahrt, in der nördlichen Jungfernheide, weit

draußen auf einem Acker, der »an die Feldmark des Vorwerks Wedding grenzte und hinter dem Förster Philipp lag«, auf. Erst in dem Bericht zu dieser Hinrichtung wird ganz beiläufig die geheime Order für den Henker erwähnt: nämlich, die Delinquenten vor Entzünden des Scheiterhaufens auf eine dem Publikum unmerkliche Art zu erdrosseln.

Tod eines Mordbrenners

Alle Hinrichtungen fanden gewöhnlich am Hochgericht auf dem Galgenplatz an der Gartenstraße statt. Fälschlicherweise wird dieser Ort auch oft für den eben erwähnten letzten Scheiterhaufen genannt. Doch dieses Mal hatte die Polizei den von Windmühlen und Kolonistenhäusern abgelegenen Ort gewählt, »daß jeder Gedanke an Feuersgefahr entfernt wird, auch groß genug, um jede sich einfindende Volksmenge aufzunehmen«.

Hingerichtet wurden der dreißigjährige Mordbrenner Johann Christian Peter Horst aus Jerichow an der Elbe, Anführer einer berüchtigten, angeblich mehr als hundertköpfigen Räuberbande, die in wenigstens 45 Städten und Dörfern Feuer gelegt hatten, und seine schöne 21-jährige Komplizin und Geliebte Friederike Luise Christiane Delitz, die uneheliche Tochter eines Maurergesellen. Die Räuberbande hatte schon ein beträchtliches Register an Untaten zu verzeichnen, dazu gehörte auch diese Brandstiftung:

»In Neuenfund büßten durch das Feuer sechs (nach anderen Quellen zwei) Menschen das Leben ein. Den Schaden, welcher durch alle diese Brandstiftungen angerichtet worden ist, kann man auf 300 000 Taler annehmen. Der Vorteil, welchen Horst für seine Person durch die Diebstähle erlangte, welche er während des Brandes verübt, wird die Summe von 200 Talern nicht übersteigen.«

Im August 1810 gesellte sich die Delitz »zu dem ihr schon bekannten Horst und nahm teil an den Brandstiftungen. Das Dorf Schönerlinde, wo durch das Feuer vier Menschen das Leben einbüßten, steckte sie mit eigener Hand in Brand.« Die Delitz hatte keinerlei Gewinn von ihren Taten.

Zu weiteren Bränden mit Diebstählen kam es auch in Steglitz und in Schöneberg. In den Straßen der Stadt sang man das Mordbrennerlied: »Berlin wird nächstens abgebrannt«, hieß es da. Den Horst fing man eher zufällig nach dem Brand in Schöneberg am 30. September 1810, seine Komplizin erst in Schlesien. Die Kriminaldeputation des Königlichen Stadtgerichtes verurteilte die beiden wegen vorsätzlicher Brandstiftung rechtskräftig: »sie zur Richtstätte zu schleifen und allda mit dem Feuer vom Leben zum Tode zu bringen.«

Die Delinquenten wurden um sechs Uhr früh auf zwei Leiterwagen – er angekettet stehend, sie mit dem Rücken zu ihm auf einem Bündel Stroh sitzend – aus der Hausvogtei unter Begleitung reitender Polizei, der Gendarmerie und militärischer Bedeckung, einer Abteilung der Schützengilde und der reitenden Nationalgarde durch ein dichtes Spalier der Neugierigen zum schwer bewachten Richtplatz gebracht. Dort schleiften sie der Scharfrichter und seine Knechte Rücken an Rücken auf einer mit Kuhhaut überzogenen Holzvorrichtung zum Scheiterhaufen. Ungefesselt bestiegen sie über eine Leiter das Schafott. Dabei benahmen sie sich wie gefeierte Schauspieler. Horst warf noch einmal keck seinen Hut in die Höhe, tauchte unter der Seilschlinge des Henkers durch, ging zu Christiane und umarmte und küsste sie.

Festgebunden an zwei Pfählen sollten sie nun den Feuertod erleiden – jedenfalls für die gaffende Menge. Tatsächlich zog ihnen der Scharfrichter weiße Kappen über die Gesichter und erdrosselte sie – unbemerkt vom Publikum. Dann wurde der Holzstoß aus fünf ein Viertel Haufen in Brand gesetzt, wobei tausende von Zuschauern die Richtstätte umlagerten. Höhere Beamte, reiche Bürger und Adlige waren mit Familien in ihren Equipagen zu dem Schauspiel angereist. Es gab eben noch kein Fernsehen.

Die letzte öffentliche Hinrichtung

Der Galgenplatz zwischen Acker-, Berg- und Feldstraße, der seit 1861 Gartenplatz heißt und auf dem sich seit 1893 die katholische St. Sebastiankirche erhebt, sah am 2. März 1837 Berlins letzte öffentliche Hinrichtung. Die 42-jährige Witwe Henriette Meyer geb. Heidenreich aus der Neuen Friedrichstraße 23 (etwa da, wo sich heute der Eingang des Fernsehturms befindet) war wegen vorsätzlicher Ermordung ihres schlafenden Ehemannes mit dem Rade »von unten herauf vom Leben zum Tode zu bringen«. In der »Warnungsanzeige« des Stadtgerichts heißt es:

»... daß sie die That mit überlegtem Vorsatz ausgeführt, indem sie mit einem großen, erst einige Tage vorher scharf geschliffenen Fleischermesser ihrem schlafenden Ehemann den Schnitt in den Hals beigebracht hat. Als Beweggrund der That aber hat ihr lüderlicher Lebenswandel und vorzüglich der Wunsch, sich mit einem andern Mann zu verheiraten, sich ergeben.«

Auch in diesem Fall wurde die grausame Strafe dadurch gemildert, dass man die Unglückselige gemäß der vom Alten Fritz erlassenen Geheimorder vor dem Rädern »wie gewöhnlich unbemerkt« erdrosselte. Dafür blieb der Leichnam über zwei Monate auf dem Richtplatz liegen, und täglich strömten Neugierige herbei.

Im April 1841 gelang es dem Magistrat endlich, eine Kabinettsorder zu erreichen, die verfügte, in Berlin keine Hinrichtungen mehr stattfinden zu lassen. Doch erst im Juli 1842 wurde das Hochgericht, ein etwa zwei Meter hoher quadratischer Ziegelbau mit eingebauter Treppe und eisernem Geländer, abgerissen. Das Kammergericht war nur schwer davon zu überzeugen, dass der Galgen entbehrlich sei. Es verlangte sein Fortbestehen, um dort die Fahndungszettel von desertierten Soldaten und flüchtigen Bankrotteuren anzuheften – ein Brauch, der noch aus dem Mittelalter stammte. Die Baumaterialien sowie das mit Eisenblech beschlagene dreibeinige Galgengerüst versteigerte die Stadtverwaltung am Ort gegen Barzahlung. Die Hinrichtungen fanden von nun an in Spandau, später dann in den Gefängnishöfen Berlins statt.

Scharfrichter Krautz

Die Namen der Scharfrichter sind nicht sämtlich überliefert. Der Volksglaube berichtet von einem Berliner Konditormeister, der seine lukrative Nebentätigkeit daheim an Kohlköpfen zu erproben pflegte. Da bei der Vollstreckung durch das Schwert dennoch immer wieder Fehlschläge vorgekommen waren, hatte man 1811 in Preußen das Handbeil und den Richtblock eingeführt.

Nachdem in Preußen zwischen 1866 und 1878 keine Hinrichtung stattgefunden hatte, war 1878 für die Hinrichtung des Kaiserattentäters das Amt des Scharfrichters neu zu besetzen. Dafür kam vorrangig der Besitzer der Abdeckerei infrage. Dessen erster Werkführer, Julius Krautz (1843–1921), bewarb sich und wurde zum Scharfrichter für das Königreich Preußen berufen.

Im Jahre 1878 wurden gleich zwei Attentate auf den Kaiser verübt: Am 11. Mai knallten bei der Vorbeifahrt des 81-jährigen Kaisers Unter den Linden drei Revolverschüsse, abgegeben von dem Klempnergesellen Emil Max Hödel. Drei Wochen später schoss ein zweiter Attentäter, Dr. Karl Eduard Nobiling aus Posen, ebenfalls Unter den Linden mit einem Schrotgewehr auf den Kaiser und verletzte ihn – für den Reichskanzler Bismarck ein willkommener Anlass zur Verfolgung der Sozialdemokratie, die nachweislich nichts mit den Attentaten zu tun hatte. Eine Welle von Denunziationen und Verleumdungen schwappte über die Hauptstadt. Nobiling hatte sich nach der Verwundung des Kaisers selbst gerichtet, Hödel aber wurde in einem Prozess, in dem man seinem Verteidiger die Akteneinsicht verweigerte, zum Tode verurteilt und am 16. August 1878 von Krautz im Hof des Zellengefängnisses in der Lehrter Straße in Moabit mit dem Handbeil hingerichtet. Die letzte Hinrichtung fand dort am 8. November 1886 statt; danach waltete der Scharfrichter im Gefängnishof Plötzensee seines Amtes.

Krautz richtete zwischen 1878 und 1889 auch in anderen deutschen Ländern insgesamt 55 Personen, darunter etliche Anarchisten. Er wohnte in der übel beleumdeten Mulackstraße 3 und später in Spandau, während die Abdeckerei um 1885 in die Wilmersdorfer Straße 13 in Charlottenburg umgezogen war.

Für seine erste Hinrichtung lieh sich Krautz im Märkischen Museum ein Beil. Es handelte sich dabei um eine Kopie des Beils seines Magdeburger Vorgängers Wilhelm Reindel, der etliches Richtwerkzeug, darunter auch ein echtes Rad, an das Museum verkauft hatte. Später ließ sich Krautz ein Beil mit 44 Zentimeter langer Schneide und 50 Zentimeter langem Griff anfertigen. Sein frommer Wahlspruch lautete:

> Wenn der Meister tut das Beil erheben,
> wünscht er dem Sünder das ewige Leben.

Die rüden Worte »die Kohlrübe runterhauen« schreibt Krautz in seinen Erinnerungen dem Mörder Heinze zu. Ein Journalist veröffentlichte 1893 das schmale Bändchen »Der Scharfrichter von Berlin« mit Krautz' Aufzeichnungen. Zwischen 1889 und 1891 aber war bereits bei A. Weichert in der Barnimstraße 48 – zwei Ecken vom Gefängnis entfernt – ein Kolportagewerk in 130 Lieferungen erschienen: »Der Scharfrichter von Berlin, Sensations-Roman. Acten, Aufzeichnungen und Mittheilungen des Scharfrichters Julius Krautz von Victor von Falk; 3119 Seiten mit 127 Holzschnitten.« Wer Lust hat, kann das dickleibige Opus in der Sondersammlung des Zentrums für Berlinstudien in der Breiten Straße einsehen. Auf Seite 3120 ist ein weiteres Werk des Herrn von Falk angekündigt.

Friedhofs- und Grabgeschichten

Berliner Friedhöfe

In Berlin gab und gibt es viele interessante und manchmal wohl auch schaurige Friedhöfe und Grabstellen. Heinz Knobloch hat den Berliner Grabsteinen ein ganzes Buch gewidmet: »Alte und neue Berliner Grabsteine«.

Der bekannteste Berliner Friedhof ist der Dorotheenstädtische an der Chausseestraße neben dem Brecht-Haus, Teil eines einstmals größeren und inzwischen längst überbauten Friedhofskomplexes. Aber auch anderswo, in der Nähe des Alexanderplatzes und der Torstraße beispielsweise, liegen unter dem Straßenpflaster längst vergessene Friedhöfe, von denen keine Spur geblieben ist.

Die alten Berliner Friedhöfe, die sich zum Teil noch heute vom Invalidenfriedhof über den Prenzlauer Berg, den Friedrichshain und den Südstern bis zum Mehringdamm rings um den alten Stadtkern erstrecken, haben ihre eigene Geschichte. Die ältesten Begräbnisplätze befanden sich auf den Kirchhöfen von St. Marien und St. Nikolai.

Die frühen brandenburgischen Herrscher waren in der Gruft der Dominikanerkirche auf dem Schlossplatz (etwa unter der Straße vor dem späteren Staatsratsgebäude) beigesetzt worden. 1747 wurden sie aus dem wegen Baufälligkeit abgerissenen Grabgelege in die Hohenzollerngruft des alten Doms am Lustgarten umgebettet, wobei man die Überreste der beiden Kurfürsten Joachim Nestor und Joachim Hektor nicht fand.

Särge prominenter Bürger und Militärs standen aber auch in den Grüften anderer Kirchen – in der Parochialkirche sind sie noch heute zu besichtigen. 1998 wurden auf dem Invalidenfriedhof, der durch den Mauerbau nach 1961 verwüstet worden war, barocke Grabstätten ergraben.

Die drei heiligen Linden

Zwischen der Heiligengeistgasse und der Spandauer Straße befand sich der Kirchhof des Hospitals zum Heiligen Geist, dessen Kapelle erhalten geblieben ist. Von diesem Kirchhof erzählt die Sage von den »Drei heiligen Linden«, die der Pfarrer der Heiliggeistkirche Philipp Jakob Schmidt Anfang des 18. Jahrhunderts aufschrieb.

Es müssen außerordentlich beeindruckende Linden gewesen sein. Sie tauchen in mehreren zeitgeschichtlichen Dokumenten auf. Die Hospitalrechnungen von 1623 belegen, dass die Linden Stützen brauchten, da sie sich über den ganzen Friedhof ausgebreitet hatten.

Auch auf dem Plan des Heiliggeistviertels von 1701 ist das Hospital »nebst dem Kirchhoff und Drey großen Linden« zu sehen. In deren Schatten sollen nach der Pulverturmexplosion von 1720 die Gottesdienste für die Soldaten abgehalten worden sein. Ein Aquarell von 1825 nach einem altem Stich zeigt den Friedhof mit den drei prächtigen Linden, von denen die folgende Sage berichtet.

In Berlin lebten einstmals drei Brüder, die einander sehr zugetan waren und stets füreinander einstanden. Obwohl sie gänzlich unbescholten waren, wurde einer von ihnen des Meuchelmords angeklagt. Die Umstände machten eine Täterschaft wahrscheinlich, und so sollte einer der Brüder ohne Geständnis hingerichtet werden. Die beiden anderen gingen zum Richter und erklärten sich für schuldig, worauf der erste ebenfalls ein Geständnis ablegte. Der Richter trug den Fall dem Kurfürsten vor, der ein Gottesurteil verlangte. Jeder der drei musste auf dem Kirchhof eine junge Linde pflanzen, die jedoch mit der Krone im Erdreich stecken sollte. Wessen Baum vertrocknen würde, der sei der Täter.

Der Frühling kam, und alle drei Linden schlugen aus und wuchsen bald zu kräftigen Bäumen heran. Daraufhin wurden die drei Brüder Halkan frei gesprochen.

Am Haus Klosterstraße 87 (etwa am Fuß des Fernsehturms) befand sich früher ein Bronzerelief mit drei Lindenbäumen, das an die Sage erinnerte. Das Wappen mit den drei Krügen und den Namen Peter, Hans und Jakob Halkan gelangte aus der Heiligengeistkapelle ins Märkische Museum.

Die Hand aus dem Grab

Die Sage von der bösen Dörte spielt im 18. Jahrhundert in der Friedrichstadt auf dem alten Friedhof der Dreifaltigkeitsgemeinde an der heutigen Baruther Straße. Klein-Dörte, deren Vater bereits vor ihrer Geburt gestorben war, soll störrisch, eigenwillig und trotzig gewesen sein. Die nachsichtige Mutter strafte sie dennoch nicht. Dörte war nur artig, wenn die Mutter ihr Geschichten erzählte. Als sie größer wurde, ging sie bald aus dem Haus. Die fromme Mutter weinte bittere Tränen, denn alle ihre Ermahnungen wegen des schlechten Umgangs der Tochter halfen nicht. Dörte blieb leichtsinnig und arbeitsscheu. Als die verzweifelte Mutter sie einmal suchte, fand sie die Missratene in einer düsteren Gasse in schlechter Gesellschaft. Die Mutter wollte sie mit sich fortziehen, doch Dörte drohte wütend: »Lass mich, oder ich schlag' dich!«

Ein vorübergehender Mann schalt aufgebracht: »Hast du denn Gottes viertes Gebot ganz vergessen, du ungeratenes Kind? Wer seine Mutter schlägt, dem wächst die Hand aus dem Grabe.«

Die Worte bewirkten immerhin, dass Dörtes Verhalten sich etwas besserte. Bald aber erkrankte sie schwer und starb innerhalb von drei Tagen. Die Mutter pflegte das Grab auf dem Dreifaltigkeitsfriedhof und bepflanzte es mit Efeu und Rosen. Nach acht Wochen gewahrte sie zu ihrem Entsetzen, dass ein Finger aus der Erde hervorwuchs. Alle Versuche, ihn zu verdecken, erwiesen sich als unmöglich, bis schließlich die ganze Hand aus dem Grab gewachsen war und sich bewegte. Schreckensbleich rannte die Mutter zum Pfarrer, aber nicht einmal das heilige Kreuz half. Der Pfarrer riet der Frau, die sündigen Finger mit Ruten zu strafen. Dazu konnte sie sich nicht entschließen und liebkoste sie stattdessen.

Allmählich wurde die Sache in der ganzen Stadt bekannt, die Neugierigen strömten in Scharen herbei. Gläubige verlangten die Bestattung der Sünderin hinter der Friedhofsmauer, was der Pfarrer ablehnte. Da wollte keiner mehr einen Angehörigen auf dem Friedhof begraben lassen. Schließlich wurde der Scharfrichter gerufen. Der sollte die Hand mit dem Schwert abschlagen. Noch einmal trat die Mutter weinend an das Grab, kniete nieder und sprach drei Vaterunser. Dann bat sie um Erbarmen für die arme Seele, die keine Ruhe fand: »Herr, vergib ihr in deiner allwaltenden Gnade«, und schlug drei Kreuze. Als am nächsten Morgen der Henker kam, war die Hand verschwunden.

Bereits im Januar 1685 soll nach der Hinrichtung eines Falschmünzers, dem das Haupt abgeschlagen worden war, bevor man ihn verbrannte, weil er für anderthalb Reichstaler Pfennigstücke gefälscht hatte, aus seiner Mutter Grab deren Hand gewachsen sein.

Schleiermachers Grab und das Kleistgrab

Der Rundbau der evangelischen Dreifaltigkeitskirche mit dem achteckigen hölzernen Glockenturm, erbaut von Titus de Favre und Christian August Neumann, stand ab 1739 in der Friedrichstadt auf dem heute mit der Nordkoreanischen Botschaft bebauten Platz, wo Mohren-, Kanonier- (heute Glinka-) und Mauerstraße zusammentreffen. Der zu der Kirche gehörende Sprengel erstreckte sich westlich der Friedrichstraße zwischen Belle-Alliance-Platz (heute Mehringplatz) und Behrenstraße.

Zwei der drei 1738 von Favre errichteten Pfarrhäuser, die für den reformierten und den lutherischen Pfarrer und den Küster bestimmt waren, sind heute noch erhalten. Sie sind beinahe die einzigen Wohnbauten des 18. Jahrhundert in Berlin und befinden sich an der Glinka-, Ecke Taubenstraße.

Einer der Pfarrer der Dreifaltigkeitskirche war – von 1809 bis 1816 – Friedrich Schleiermacher, eine der bedeutenden Persönlichkeiten des Berliner wissenschaftlichen Lebens und Mitbegründer der Berliner Universität. Schleiermachers Grab befindet sich seit 1834 auf dem Neuen Dreifaltigkeitsfriedhof an der Bergmannstraße, wo neben zahlreichen Prominenten Heines Jugendliebe Molly begraben liegt.

Zu besichtigen ist auch das Kleistgrab am Wannsee. An der Bismarckstraße 3 führt ein Weg hinunter zum Südufer des Kleinen Wannsees. An dieser Stelle hat am 21. November 1811 Heinrich von Kleist zuerst seine Seelenfreundin Henriette Vogel und dann sich selbst erschossen. Beide ruhen hier in einem gemeinsamen Grab.

Zehn Jahre lang hatte sich der mittellose Dichter vergeblich auf den Berliner Bühnen mit seinen Dramen um Erfolg bemüht. Erst die Nachwelt schenkte ihm den verdienten Ruhm.

Das begrabene Plättbrett

Weniger elegisch als Kleists Selbstmord und weitaus weniger sentimental als die Sage von der Hand aus dem Grab ist die wahre Geschichte von der Bruderliebe zweier böhmischer Schneider, auch unter dem Titel »Das begrabene Plättbrett« bekannt. Gemeinhin gilt in Berlin eine Frau, der es vorn und hinten an gewissen Rundungen mangelt, als Plättbrett. Bei den Brüdern Anton und Franz Tomaschek aus Sobietusch in Böhmen aber ging es um ein echtes Bügelbrett. Die beiden waren 1823 nach Berlin ausgewandert. Der Schneidermeister Anton Tomaschek mietete in der Leipziger Straße 80 eine ärmliche Wohnung , in der er zugleich seine Werkstatt betrieb. Die Zeiten um das Revolutionsjahr 1848 waren unruhig, was Anton jedoch nicht daran hinderte, nach einem Brand in seinem Domizil mit allen Mitteln um die vereinbarte Versicherungsleistung zu kämpfen. Noch 1850, fünf Jahre nach dem Brand, gab er als »Eidesleister mit eisernem Ring am Halse« in den Berliner Tageszeitungen umfangreiche Annoncen mit der Darstellung des angeblichen Betrugs auf. Die Versicherungsgesellschaft warf ihm nämlich vor, den Schaden nicht durch Achtsamkeit und Umsicht abgewendet zu haben.

Bruder Franz lebte inzwischen seit einigen Jahren in Kopenhagen. Dort ließ er sein Leben bei einer dänischen Gesellschaft für eintausend Reichsbanktaler und bei der englischen Gesellschaft Globe für eintausend Pfund Sterling versichern. Nach ausgedehnter Korrespondenz mit Anton kam er am 23. Oktober 1848 nach Berlin, angeblich weil die Geschäfte in Kopenhagen wegen der Deutschfeindlichkeit schlecht gingen und ihn seine Frau nach unglücklicher Ehe verlassen hatte.

In Berlin, wo Anton inzwischen Unter den Linden 47 residierte, traten die Brüder gemeinsam auf und gewannen neue Kunden. Bald war die Rede davon, sich zu vergrößern und eine Manufaktur zu gründen. Mit Franz' Gesundheit stand es allerdings nicht zum Besten, er spielte überall den Schwindsüchtigen, der angeblich bei Dr. Meyer in der Leipziger Straße in Behandlung war. Am 19. November erlitt er plötzlich einen Schlagfluss. Anton holte den befreundeten, am Arbeitshaus tätigen Assistenz- und Wundarzt Erster Klasse Gotthilf Anton Kunze aus der Französischen Straße, der jedoch nicht zu helfen vermochte. In der Nacht zum 20. November starb Franz und wurde am 24. November morgens auf dem katholischen Hedwigsfriedhof vor dem Oranienburger Tor in einem Grab dritter Klasse beigesetzt. Zum Andenken an den teuren Bruder veröffentlichte Anton Annoncen in Gedichtform.

Allerdings gab es einige Schwierigkeiten, die hohen Versicherungssummen (von denen Anton selbst dreißig Prozent beanspruchte) für die Schwägerin in Kopenhagen einzutreiben. Der dänischen Gesellschaft genügte die Bestätigung des Propstes Brinckmann, Pfarrer von St. Hedwig, er habe Franz Tomaschek begraben. Die vorsichtigen Engländer schickten allerdings einen Ermittler nach Berlin, der auch den Arzt Kunze befragte. Dem blieb nichts anderes übrig, als ein weiteres Attest zum Totenschein des ominösen Dr. Meyer herzustellen und – auf welchem Wege auch immer – beglaubigen zu lassen. Das Dokument trug schließlich die Unterschriften des Polizeipräsidenten Hinckeldey und des Ministers für Auswärtige Angelegenheiten! Nun zahlte auch Globe, und Anton erhielt seinen Anteil von dreihundert Pfund – immerhin rund zweitausend preußische Taler. Nachdem seine Frau im April 1850 gestorben war, betrieb er, aller Sorgen ledig, nunmehr am Neuen Markt in der Papenstraße 17 (heute Karl-Liebknecht-Straße vor der Marienkirche) seine Damenschneiderei und machte nur als »Eidesleister« unnötig auf sich aufmerksam.

Damit könnte die Geschichte ihr gutes Ende haben, wäre da nicht im Mai 1851 in Berlin der ungarische Taschendieb Istvan Kizs auf frischer Tat ertappt und vor den Kriminalbeamten Rockenstein geschleppt worden. Kizs behauptete, im Böhmischen von einem wohlhabenden Rentier gehört zu haben, der angeblich in Berlin begraben liege, in Wahrheit aber durch geschickten Versicherungsschwindel ein reicher Mann geworden sei. Rockenstein, ein ehemaliger Lohgerbergeselle, der sich zu Höherem berufen fühlte und sich in kurzer Zeit vom Schreiber emporgedient hatte, fand nach mühseligem Suchen

Franz Tomaschek als Verdächtigen heraus. Recherchen in Österreich ergaben, dass der angeblich Verstorbene sich an seinem Geburtsort bester Gesundheit erfreute.

Daraufhin wurde Anton Tomaschek verhaftet. Er gestand ohne Weiteres und nannte Rache an den Versicherungsgesellschaften als Motiv. Den Plan habe er gemeinsam mit Bruder Franz erdacht, der nun sorgenfrei als Rentier in Sobietusch lebe, während in Berlin ein leerer Sarg begraben sei.

Der Wundarzt Kunze, der den Totenschein mit der falschen Unterschrift Meyer ausgestellt hatte, leugnete anfangs jede Schuld und behauptete steif und fest, er habe den toten Franz Tomaschek wahrhaftig gesehen. Nun widerrief auch Anton seine Aussage. Der berüchtigte und gefürchtete Polizeirat Stieber befahl, eine Kommission zusammenzustellen und den Sarg auszubuddeln. Bei nächtlichem Fackelschein fand man in dem Grab auf dem Hedwigsfriedhof den Sarg nahezu unbeschädigt und darin ein auf seidene Kissen und Stroh gebettetes, mit einem leinenen Hemd und weißer Zipfelmütze bekleidetes Bügelbrett.

In Böhmen nahm die österreichische Polizei Franz fest und lieferte ihn nach Berlin aus. Auch er leugnete und gab an, er sei scheintot neben einem Sarg erwacht und davongelaufen. Schließlich legte er doch ein Geständnis ab. Als aber am 15. April 1852 der Prozess begann, bestritten alle Beteiligten erneut den Betrug. Erst am 4. September kam es zu einer neuen Verhandlung, nachdem man aus Kopenhagen erfahren hatte, dass sogar Franz' Kinder über jeden Schritt der planmäßigen Gaunerei informiert waren. Das Urteil für die drei Angeklagten lautete auf je drei Jahre Zuchthaus und Strafarbeit plus 15 333 Taler und 10 Silbergroschen Geldstrafe. Im Fall der Nichtzahlung kamen fünf Jahre Ersatzstrafe für die Tomascheks und vier für Kunze hinzu, dem außerdem die Berufsausübung auf Lebenszeit untersagt wurde. Nach der Strafverbüßung drohte Franz die Ausweisung, Anton und Kunz standen acht weitere Jahre unter Polizeiaufsicht bevor. In Kopenhagen wurde auch Franz' Ehefrau verurteilt.

Die drei in Berlin Verurteilten überstellte man in das Zuchthaus Brandenburg. Kunz, eine armselige und kranke Gestalt, überlebte die Strafe nicht, während Anton und Franz im September beziehungsweise im November 1860 entlassen wurden. Franz soll später mit seiner Frau nach Amerika ausgewandert sein.

Der alte Hedwigsfriedhof existiert nicht mehr. Heinz Knobloch fand heraus, dass er einst an der Chausseestraße, Ecke Hannoversche Straße gelegen hatte. Als man die Gegend nach 1890 zu bebauen begann, ergab sich, dass eine Grabstelle des aufgelassenen Friedhofs auf einhundert Jahre gekauft war und die Angehörigen eine Umbettung verweigerten. Da baute man das neue Haus einfach um den Grabstein herum, und wer immer den dort residierenden Musikverlag und seine Lesehalle aufsuchte, sah eine alte Frau stundenlang andächtig vor dem Stein sitzen, eine Nachfahrin jener Antoinette Weiss geb. Biancone, die hier seit 1805 ruhte. Erst um 1910 wurde der Stein auf den Neuen St.-Hedwigs-Friedhof in Reinickendorf umgesetzt, wo er noch heute zu besichtigen ist.

Verrufene Orte

Der hinkende Mönch

Sollten Sie so vermessen sein, sich bei Nacht und Nebel als Fußgänger vom Alexanderplatz her Berlins zugigster Kreuzung am Molkenmarkt zu nähern, so mag Ihnen direkt aus dem gut beleuchteten Mund des Autotunnels ein klagendes Geräusch auffallen. Wahrscheinlich ist es nur eine verspätete U-Bahn, die unter ihren Füßen in die Kurve zur Klosterstraße einbiegt – vielleicht aber ist es der hinkende Mönch, dessen Klagen exakt an dieser Stelle einst zu hören gewesen sein soll. Genau hier erhoben sich nämlich bis zum Bombardement im Zweiten Weltkrieg und dem nicht weniger vernichtenden Kahlschlag danach die Gebäude des Grauen Klosters.

In das ursprüngliche Franziskanerkloster, zu dem auch die heute vom Zerfall bedrohte Ruine der Klosterkirche gehörte, zog nach der Reformation 1574 das Berlinische Gymnasium zum Grauen Kloster ein. Zu dieser Zeit soll der hinkende Mönch mit seinem Stöhnen schon um die zweihundertfünfzig Jahre in den Kellern zugange gewesen sein. Pater Roderich, so hieß der keineswegs sonderlich gottesfürchtige Mönch, sprach vermutlich einen thüringisch-anhaltinischen Dialekt, denn er stammte von der Saale, an deren hellem Strande bekanntlich allerlei Burgen stehen. Auf einer davon hatte sich der Junker von Bruno – so Roderichs ritterlicher Name – in des Burgvogts Töchterlein verguckt. Sie wohnte wie Rapunzel hoch oben im Turm und warf dem balzenden Ritter nächtlicherweise einen Strick zu, an dem der, wie der Chronist zu berichten weiß, gewandt wie ein Eichhörnchen emporklomm.

Der nächtliche Besuch blieb in doppelter Weise nicht ohne ernste Folgen. Der erzürnte Burgvogt, ein Mann von gewaltiger Kraft, bemerkte nämlich den Strick und riss ihn zu Boden, um anschließend wutschnaubend die Turmtreppe emporzustürzen. Der Junker von Bruno zog es indes vor, den Sprung aus dem Fenster zu wagen. Er brach sich den rechten Fuß, konnte aber mit Hilfe eines Freundes von der Burg entfliehen.

Der Vater war zu spät gekommen: Bruno war weg und das Mädchen schwanger. Den munteren Knaben namens Bernhard, den sie im Dorf bei einer Amme gebar, unterschob sie ihrem späteren braven Ehemann als Pflegekind, und als sie dann noch mit einem Mädchen niederkam, das auf den Namen Luise getauft wurde, war das Familienglück ein vollkommenes.

Doch mit des Geschickes Mächten ist bekanntlich kein ewiger Bund zu flechten. Liest sich der Anfang wie ein Schauerroman aus dem 19. Jahrhundert, so kam es bald noch dicker. Die Kinder wuchsen miteinander heran und kamen sich näher, als es sich für Bruder und Schwester gemeinhin ziemt. Die Mutter schrie Zeter und Mordio und bestand darauf, Bernhard rechtzeitig Gott geweiht zu haben. Er müsse in ein Kloster gehen und Priester werden.

Das Kloster – wie kann es anders sein – war das Graue zu Berlin, zu dessen Insassen eben der Pater Roderich genannte Junker gehörte, inzwischen ein verbitterter Hinkefuß und böser Mensch, der überall Zwietracht säte, ja andere Klosterbrüder gar zum Mord anstiftete. So hatten gerade zwei seiner Kreaturen auf der Landstraße nach Tempelhof einen anderen Pater des Grauen Klosters ermordet, wofür die Berliner der Einfachheit halber die bis 1312 dort ansässigen Tempelherren verantwortlich machten, einige wegfingen und nach schwerer Marter hinzurichten gedachten. Nicht alle Berliner stimmten dem zu. Die Einwohnerschaft spaltete sich in zwei Lager: hier der Templerorden – da das Graue Kloster.

Auch innerhalb der Klostermauern schürzte sich der Knoten, denn just als Luise hinter das Geheimnis ihrer leiblichen Geschwisterschaft mit Bernhard gekommen war und es dem Verstörten mitteilte, erfuhr der, wer der Anstifter des Mordes war, und sagte es dem bösen Roderich auf den Kopf zu. Dessen Macht war groß genug, den braven Bernhard in den feuchten Klosterkeller zu stecken.

Inzwischen wurden die Templer hingerichtet. Kaum war das geschehen, verkündete einer der wirklichen Missetäter öffentlich, er sei – vom hinkenden Mönch angestiftet – der wahre Mörder. Die ohnehin aufgebrachte Volksmenge stürmte vom Richtplatz zum Kloster. Roderich flüchtete sich in die hinterste Zelle, die – wie kann es anders sein – Bernhard gehörte, fand und las dort Luises Brief und entdeckte darin seinen eigenen, längst vergessenen Namen. So schnell es sein Gebrechen zuließ, eilte er zum Kellergewölbe, um seinen leiblichen Sohn zu befreien.

Die in das Kloster eingedrungene Menge suchte überall nach dem Hinkenden. Aus der Tiefe eines unterirdischen Verlieses drang indes ein wildes Wehklagen. »Beherzte Männer ließen sich mit Fackeln in die Tiefe hinab und fanden den Hinkenden neben der Leiche eines jungen Mönchs.«

Ans Tageslicht gebracht, legte Roderich ein Geständnis ab und ward von der aufgebrachten Menge sofort erschlagen. Seither hört man aus den Kellergewölben des Nachts öfter ein schauerliches Stöhnen: Der hinkende Mönch beweint seinen toten Sohn.

Die Löwen auf der Parochialkirche

Nur zweihundert Meter von der schaurigen Stelle entfernt spielt übrigens eine andere Berliner Sage, die von den schweigenden Löwen auf dem Turm der Parochialkirche. Die wurde ab 1695 nach Nehrings Rissen gebaut; 1698 fiel die Kuppel ein. Der immer wieder geänderte, 94 Fuß hohe Turm wurde erst 1713/15 fertig gestellt. In diesen Turm hängte man das Glockenspiel, das Friedrich I. auf den Münzturm wollte setzen lassen und das sein Nachfolger Friedrich Wilhelm I. in Ermangelung eines Turmes nun der Kirche schenkte. Der Münzturm, 1701 begonnen und auf 280 Fuß Höhe geplant, hatte sich als ein rechter Unglücksbau erwiesen und wurde nach vielerlei Versuchen, ihn zu erhalten, im Juni 1706 eingestürzt!

Auf der Parochialkirche spielten fortan die Glocken jede Stunde ein Lied, und die an den vier Turmecken sitzenden Bronzelöwen brüllten dazu. Da der Magistrat nicht wollte, dass es noch ein zweites derartiges Kunstwerk in der Welt gäbe, der Meister aber angeblich gegen die Absprache ein weiteres plante, ließ der Magistrat ihm die Augen ausstechen. Da bat der Meister, man möge ihn noch einmal auf den Turm führen, und als er oben in der Glockenstube war, drehte er an einer Schraube. Seit jenem Tag sind die Löwen verstummt und brüllen nicht mehr. Und wie es so geht: Keiner vermochte die lockere Schraube je zu finden.

In Wahrheit war der spendable Kirchenbauherr nicht der Magistrat, sondern ausnahmsweise der preußische König, der großzügig auch das nun einmal vorhandene Glockenspiel spendierte. Es war von außen sichtbar und läutete nach Uhrwerk alle halbe Stunde eine Kirchenmelodie. Bei Bedarf konnte es auch von Hand gespielt werden. Am 1. Januar 1715 erklang es zum ersten Mal, doch ließ der König die alten Glocken der schlechten Klangwirkung wegen einschmelzen und durch ein neues, 1717 in Amsterdam gefertigtes Geläute mit 37 Glocken ersetzen. Im Übrigen identifizierte vor einhundert Jahren ein gewissenhafter Besucher die Löwen »als ganz flach gearbeitete Schutzeisen für den hölzernen Turm, die niemals gebrüllt haben können«.

Die Kirche und ihr Turm wurden im Krieg stark beschädigt, vom Turm steht heute nur noch der Unterbau ohne die Löwen, so dass man wieder einmal nichts überprüfen kann.

Die drei Blutstropfen

Ganz ähnlich steht es um den Ort der folgenden Geschichte, die in einem Brauhaus in der Lindenstraße spielt. Der Brauer nahm die hübsche Tochter seines verarmten Lehrherren als Schankmädchen in sein Haus und bedrängte sie. Sie erwehrte sich seiner Angriffe und sprang aus dem Fenster. Dabei hinterließ sie im Hof drei Blutstropfen. Der Brauer beschuldigte sie wütend, ihm Goldstücke gestohlen zu haben, die er selber in ihr Zimmer gelegt hatte. Die Ärmste wurde zum Tode verurteilt und rief bei der Urteilsverkündung aus: »Die drei Blutstropfen werden für mich zeugen, wenn ich unschuldig sterben muss.«

So sehr sich der Brauer nach der Hinrichtung auch mühte, es gelang ihm nicht, die blutigen Spuren im Hof zu beseitigen, nicht einmal als er die Steine herausriß und den Hof neu pflasterte. Am nächsten Morgen entdeckte er eine Horde von Gaffern vor seinem Fenster und als er hinausblickte, sah er die drei Blutstropfen auf der weißen

Wand. Verzweifelt stieg er in der Nacht auf den Fenstersims und versuchte, das Blut aus dem Putz zu kratzen. Als ihn der Nachtwächter anrief, stürzte er vor Schreck hinunter auf das Pflaster und verblutete dort mit zerschmetterten Gliedern. Die Blutstropfen aber verschwanden erst beim Abbruch des Hauses.

Die Jungfernbrücke

Beim Namen der nächsten schaurigen Lokalität erwartet man eher eine heitere Geschichte: Die Jungfernbrücke, Berlins älteste und einzige erhaltene Klappbrücke im holländischen Stil, wurde um 1689 erbaut und überspannt noch heute den Spreekanal, der auch Schleusengraben oder -kanal und weiter flussaufwärts Kupfergraben heißt. Der Name Jungfernbrücke wird erstmals 1748 genannt und soll von den mit der Nadel wie mit dem Mundwerk fleißigen französischen Demoiselles (Jungfern), den neun Töchtern der Weißnäherfamilie Blanchet herrühren.

Gegenüber der Jungfernbrücke, an der Friedrichsgracht 61, stand nämlich ein breites zweistöckiges Haus, der Französische Hof, in dem viele französische Refugiés wohnten, darunter auch die Demoisellen, die wundervolle Spitzen in Nadelarbeit herstellten. Sie erbaten von den Behörden die Genehmigung, eine Verkaufsbude an der Brücke aufzustellen, die deshalb bald die Jungfernbrücke hieß.

Es sind aber auch andere Versionen für die Namensgebung der Brücke im Umlauf. Im Französischen Hof wohnte einst ein alter blinder Mann vom Typ seniler Bettflüchter, der des Nachts gerne aus dem Fenster auf das Geplätscher des Wassers horchte. Eines Nachts hörte er die raue Stimme eines Mannes und die flehende eines Mädchens. »So fahr denn zur Hölle!«, blökte der Unhold. Dann vernahm der Blinde einen Schrei, einen Aufschlag im Wasser und sich eilends entfernende Schritte. Nachdem die Tote am nächsten Morgen gefunden worden war, beschuldigte man ihren Verlobten des Mordes und schleppte ihn vor Gericht. Der Blinde jedoch erkannte die Stimme des wahren Mörders der Jungfer, des Mannes nämlich, der den Verlobten beschuldigt hatte.

Noch genauer will es eine dritte Fassung der Geschichte wissen. Danach lebte im Französischen Hof einst fromm und gottesfürchtig ein alter, reicher Junggeselle namens Caspar Balthasar mit seiner Haushälterin Beate. Als der französische Goldschmied Renaud mit seinen liebreizenden Töchtern Louise und Eugenie in das Haus zog, verdrehten die beiden lockeren Vögel dem Alten bald den Kopf. Louise indes liebte den Goldschmiedegesellen Gustav. Eines Nachts kamen sie im Streit miteinander nach Hause, und Gustav ließ das Mädchen alleine gehen. Der alte Balthasar lauerte ihr auf und machte Anträge, die sie empört zurückwies. Voller Wut erdrosselte sie der Alte und warf die Leiche in die Spree. Ein Blinder (siehe oben) hörte das Geräusch und fragte in die Dunkelheit, was es verursacht habe. Da sagte der Mörder: »Ach, ein Mauerstein hat sich beim Regen vom Dach gelöst und ist ins Wasser gefallen.«

Vor Gericht fiel der Verdacht natürlich auf Gustav, der zum Tode verurteilt wurde. Noch einmal wurden die Nachbarn vernommen, darunter auch Balthasar. Der sagte: »Was ich von dem jungen Mann weiß, beschränkt sich darauf ...« – »... dass nicht er der Mörder ist, sondern du es bist!«, kam die Stimme des Blinden aus dem Hintergrund. So wurde Balthasar zum Tode verurteilt und der Goldschmied war gerettet. Diese traurige Geschichte von der ermordeten Jungfer gab der Brücke ihren Namen.

Die Geschichte klingt wahrhaftig schön und schaurig, und sie wäre noch schöner, fände man sie nicht bereits in ähnlicher Form unter dem Titel »Der blinde Zeuge« in den »Wahrhaften Geschichten des alten Pitaval« aus Frankreich. Selbst mit den Demoiselles Blanchet ist es leider nichts – eine Familie dieses Namens gab es unter den zugewanderten Hugenotten in Berlin gar nicht.

Vielleicht ist ja die wirkliche Erklärung auch in diesem Fall weit weniger romantisch, und die Brücke wurde nach dem »Frauenhaus« in der Spreegasse, der später durch Wilhelm Raabe so bekannt gewordenen Sperlingsgasse, benannt. Wie der Chronist vorsichtshalber anmerkt: »Nischt jenauet weeß man nich ...« Die echte Goldelse jedenfalls – nicht die auf der Siegessäule – betrieb hier noch bis in die sechziger Jahren des 20. Jahrhunderts ihre einzigartige Raabe-Diele, bevor der Name auf einen Nobelkeller am Märkischen Ufer überging.

Schloss Köpenick, Spukhäuschen und Spukvilla

Zu den verrufenen Orten muss man gerechterweise auch das Schloss Köpenick zählen, wo schon Joachim Nestor mit dem Spruch an der Kammertür geängstigt worden war und wo der Schiefe Fritz sich als Kronprinz von seiner bösen Stiefmutter fern hielt. Im Schloss, dessen gegenwärtige Rekonstruktion länger zu dauern verspricht als die ursprüngliche Bauzeit, tagte Ende Oktober 1730 das Kriegsgericht gegen den Kronprinzen Friedrich, seinen Freund, den Leutnant Katte, und den Pagen Keith wegen versuchter Preußenflucht. Keith entkam nach England, gegen den späteren König Friedrich II. wollten die Richter kein Urteil sprechen. Katte hingegen verurteilten sie zu lebenslanger Haft. Der cholerische Soldatenkönig verschärfte das Urteil und ließ Katte in Küstrin vor den Augen des Kronprinzen hinrichten. Das Nähere ist bei Fontane nachzulesen.

Im Hof der Albrechtstraße Nummer 10 stand ein kleiner altertümlicher Pavillon, das Spukhäuschen, von dem die Sage ging, es stamme aus dem 15. Jahrhundert. Zur Zeit König Friedrich I. hatte dessen Premierminister Graf Kolbe von Wartenberg sich inmitten der Wiesen, durch die sich die Panke zur Spree schlängelte, einen französischen Garten mit Grotten, Terrassen, Pavillons und Götterstandbildern anlegen lassen. Hierher kam der König, um sich mit seiner Geliebten, der Gräfin von Wartenberg, zu treffen. In Berlin wurden damals spiritistische Sitzungen modern, und nicht nur der Goldmacher Dominico Caetano verstand es, daraus bei dem leichtgläubigen Monarchen Kapital zu schlagen. Hartnäckig hielt sich deshalb das Gerücht, in dem Pavillon, in dem angeblich die erste spiritistische Sitzung stattgefunden habe, sei es nicht geheuer.

Ebenso hieß das Belvedere im Charlottenburger Schlossgarten bei den Berlinern die Spukvilla. Hier ließ sich Friedrich Wilhelm II., der ganz im Bann von Eros, Spiritismus und Geheimorden stand, etwas vorgaukeln. Die Geister des Großen Kurfürsten, des großen Gelehrten Leibniz und Marc Aurels warfen ihm seinen lasterhaften Lebenswandel vor. Entsetzt sei der König in die Arme seiner langjährigen Hauptgeliebten geflohen, der Trompeterstochter Wilhelmine Encke (genannt die »preußische Pompadour« und von ihm zur Gräfin Lichtenau erhoben) und habe das Belvedere nie wieder betreten.

Der Dustere Keller

Ein eher volkstümlicher verrufener Ort war dagegen der Dustere Keller, eine Schlucht oder Kehle, wie man in der Märkischen Schweiz sagt, zwischen zwei der cöllnischen Weinberge gelegen, mit einem Erdkeller zur Weinaufbewahrung. Noch heute wird in dieser Gegend am nahen Kreuzberg Wein angebaut, den man in einem Buch über das schaurige Berlin nicht unerwähnt lassen sollte. Zur Zeit des Soldatenkönigs hat hier der ehemalige Hofbedienstete Sartorius (Schneider) als Eremit gehaust, Psalmen gesungen und gebetet. Friedrich Wilhelm I. höchstselbst soll ihn besucht und ihm einen Gulden angeboten haben. Der Klausner aber nahm angeblich nur Kupfergeld.

Jedenfalls war der Dustere Keller an der heutigen Arndt-, Ecke Nostizstraße – in einer Gegend also, in der sich geflohene Soldaten versteckten. Ganz in der Nähe (heute Mehringdamm, Ecke Fidicinstraße) befand sich der so genannte Alarmkanonenberg. Hier wurde immer dann ein Schuss ausgelöst, wenn wieder einmal ein Soldat entflohen war.

Später wurde im Dusteren Keller eine Tabagie eingerichtet, wo die Berliner ungehindert rauchen durften, was bis 1848 auf Berlins Straßen verboten war. Dort weilte im Jahre 1786 der Graf Mirabeau, der Material für seine Bücher über König Friedrich den Großen sammelte.

Die Tabagie war 1810 Treffpunkt der patriotisch gesinnten Männer um den Turnvater Jahn, einen echten Franzosenfresser vom schlimmsten deutschen Schrot und Korn. Er und die Seinen gründeten hier den gegen die Napoleonische Fremdherrschaft gerichteten Deutschen Bund. Unsportlichen Naturen mag das entsprechende Denkmal am einstigen Turnplatz in der Hasenheide schaurig genug erscheinen.

Später war der Dustere Keller nichts anderes als eine der zahllosen Weißbierkneipen. In den Gründerjahren wurde das Gelände planiert und bebaut. Obwohl die Schluchten und Erdhöhlen längst verschwunden sind, handelt es sich noch immer um eine reizvolle Ecke in Berlin. Eine Kneipe in der Bergmannstraße hieß noch nach 1945 »Der Dustere Keller«.

Das geschminkte Laster

Wirklich duster oder düster war es im 19. Jahrhundert in der Gegend
um den Alexanderplatz. Hier befanden sich die berüchtigten Berliner Kaffeeklappen und Nachtkonditoreien. »Hinter der Königs-
mauer« hieß eine der Gassen, die sich wie eine steinerne Schlange
zwischen der Königstraße (heute Rathausstraße) und der Spandauer
Brücke wand und mit ihren verfallenen kleinen Häusern und Spe-
lunken als »Sitz des geschminkten Lasters« galt. Das verzog sich später in die Mulackstraße, in die Gegend um den Schlesischen Bahn-
hof (heute Ostbahnhof) und in das Stettiner Viertel beziehungsweise
Bordellviertel auf dem ehemaligen Gelände der Borsigwerke. Dieses Viertel wurde wegen der hier in Straßen mit den Namen Schle-
gel, Tieck und Eichendorff wohnenden Studenten auch Quartier
Latin genannt. Heute siedeln hier in den Hinterhöfen der Fabrik-
gebäude Werbeagenturen und angesagte Designer.

Das Berliner Leichenschauhaus

Nur zwei Steinwürfe davon entfernt, in der Hannoverschen Straße,
befindet sich noch heute ein weiterer schauriger Ort, das Berliner
Leichenschauhaus. Ursprünglich lag es auf dem Gelände des Koppen-
schen Armenhauses, wo die Große Hamburger Straße die August-
straße durchschneidet (heute Koppenplatz). Dort erhob sich ein un-
ansehnliches einstöckiges Haus (»das Türmchen«) für zwei Dutzend
alter Weiber unter Aufsicht des Armentotengräbers.

Auf dem Hof hinter dem Haus befand sich das Grabgewölbe der
Familie Koppen. In dem Tonnengewölbe mit Salzen an den Wänden
und schwüler, dumpfer Luft standen zwölf Särge mit Mumien. Hinter
dem Hof lag ein wüster Platz, der 1840 geschlossene Armenfriedhof
mit dem eigentlichen Türmchen, dem kleinen, einstöckigen, verwit-
terten Obduktionshaus, das einen unheimlichen Eindruck machte.
Dorthin gelangten zwischen 1810 und 1840 mit dem von zwei Bet-
telvögten gezogenen so genannten Nasenquetscher alle Leichen der
Selbstmörder und der in den Straßen und in der Spree Verunglück-

ten und Ermordeten. Die drei hölzernen Pritschen in der Totenkammer, wohin man auch die mutmaßlichen Mörder brachte, um sie zu einem Geständnis zu bewegen, waren meist mit halb verwesten Leichen belegt.

1832 beantragte der Berliner Stadtphysikus die Einrichtung eines akademischen Instituts nach Vorbild der Pariser Morgue zur Aufbewahrung und Ausstellung Verunglückter und Selbstmörder »behufs Feststellung ihrer Persönlichkeit und zum Zwecke der gerichtlichen Untersuchung«. Diese erste Berliner Morgue im Hof des Charité-Krankenhauses auf dem Gelände des ehemaligen Charité-Friedhofs an der Hannoverschen Straße war nach zeitgenössischen Schilderungen ein schmutziger, finsterer und nicht ventilierter Keller, in dem man bekannte und unbekannte Leichen gemeinsam ausstellte. Die Kleidungsstücke der Toten hingen auf Leinen daneben. Nach wohlwollenderen Angaben war der Vorgängerbau des heutigen Gebäudes jedoch ein einstöckiges »Landhaus im eleganten Stil zwischen dichten Taxushecken, Rosen und Akazien«. Der große Virchow war hier Prosektor, bis er wegen seiner politischen Haltung gemaßregelt wurde. Auf seine beharrliche Forderung hin wurde der Bau aufgestockt und mit Ecktürmen und einem Eiskeller versehen. Gustav Rasch berichtet von der großen Reinlichkeit in den Räumen.

In den Jahren 1884–86 wurde für 360 000 Reichsmark endlich ein Neubau mit hochmoderner Kühlanlage und Schautrakt errichtet; es gab sieben Ausstellungsräume und einen verglasten Korridor für das schaulustige Publikum. Bis 1930 wurden hier täglich die unbekannten Leichen je drei Wochen lang vorgeführt. Das Haus hatte nie über Besuchermangel zu klagen.

Aus gutem Hause

Das Voigtland und der Kinderschänder Kranzler

Eine besonders schaurige Gegend erstreckte sich im 19. Jahrhundert außerhalb der Stadtmauer zwischen dem Schönhauser und dem Rosenthaler Tor. Die Häuser im so genannten Voigtland – benannt nach der Herkunft der Fabrikarbeiter, die hier wohnten – lagen oft unter dem Niveau der Straßen, deren stinkende Gräben mit Geländern geschützt waren. Besonders düstere Familienhäuser, 1820–24 gebaut, standen in der Gartenstraße 92–94. Hier wohnten im Jahre 1827 unter unbeschreiblichen Bedingungen 496 Familien mit insgesamt 2197 Köpfen.

Wie groß die Kluft zwischen diesen Ärmsten der Armen und den wohlhabenden Bürgern der Stadt war, ist heute kaum noch vorstellbar. Der Konditormeister Johann Georg Kranzler, 1795 in Österreich geboren, erwarb 1825 für 25 Reichstaler das Berliner Bürgerrecht und gründete an der Friedrich-, Ecke Behrenstraße seine berühmte Konditorei, die sich ab 1834 mit ihrer Rampe (Terrasse) Unter den Linden befand. Im »Walhalla der Berliner Gardeleutnants«, dessen Innenausstattung von August Stüler stammte, verkehrte die bessere Berliner Gesellschaft.

Der Herr Konditormeister, der »dem hohen Adel und werthen Bürgerpublikum ... Bedienung von zarter Hand« versprach, kannte aber noch andere Vorlieben. Aus den berüchtigten Familienhäusern des Voigt- oder Feuerlandes ließ er sich minderjährige Mädchen um die zwölf zuführen, von denen er um 1835 acht missbraucht, aber auch misshandelt haben soll. Als die Sache aufkam und die betroffenen Eltern und die zuständige Armenkommission über die Armendirektion Anzeige erstatteten, zahlte Kranzler je zehn Taler Schweigegeld, in einem Fall auch zweihundert. Während die unverehelichte Wilhelmine Caroline Hagemann, die ihre eigene Tochter sowie sieben weitere minderjährige Mädchen dem Konditormeister gegen Kuppellohn zugeführt, wegen »Kuppelley« zur Untersuchung gezogen und »zu neun monatlicher Strafarbeit verurteilt« wurde, blieben im Fall Kranzler nur noch zwei Kläger übrig. Im April 1836 hieß es schließlich:

»... daß der Konditor Johann Georg Kranzler von der Anschuldigung der Nothzucht und Verführung unschuldiger Frauenspersonen durch Arglist oder betrügliche Kunstgriffe völlig freigesprochen, jedoch in die Kosten der Untersuchung verurtheilt worden ist und wegen dieses Punktes des Erkenntnißes das Rechtsmittel der weiteren Verteidigung ergriffen hat.«

Kranzler wurde 1852 zum Hofkonditor ernannt und starb 1866 hoch geehrt.

Polizeipräsident Hinckeldey

Ein ganz anderes Kaliber war der stockkonservative Jurist Carl Ludwig Friedrich von Hinckeldey, am 1. September 1805 in Sachsen-Meinigen als Sohn eines Geheimen Regierungsrats geboren. Hinckeldey war gefürchtet – andere wieder nannten sein Wirken segensreich. Er trat 1826 in die preußische Justiz ein und wurde als Oberregierungsrat in Merseburg am 14. November 1848 zum Polizeipräsidenten von Berlin berufen, mit dem ausdrücklichen Befehl, nach der Revolution in der Residenz für Ruhe und Ordnung zu sorgen. Hinckeldey, aus dem kleinen Beamtenadel stammend, maßlos ehrgeizig, skrupellos und hochmütig, tat sich als Liquidator der Revolution und als Schöpfer des preußischen Polizeigeistes hervor. Er verschärfte die Theater- und Pressezensur, beschlagnahmte Zeitungen, setzte die Überwachung aller Reisenden und Zuzüge – auch des Adels – durch und erwarb sich durch seine Maßnahmen voll plumper Roheit, durch rücksichtslose Hausdurchsuchungen, ein ausgedehntes Spitzelwesen und falsche Zeugen einen üblen Ruf. Er überwachte auch die subversiven Elemente in den eigenen Reihen der Polizei. Unter seiner Leitung entwickelte sich das Präsidialbüro, die Abteilung 1 im Berliner Polizeipräsidium, zu einem Zentrum polizeilicher Überwachung. Nicht selten überschritt Hinckeldey, der »einen panischen Schrecken unter den Justizbeamten erregte und damals das Übergewicht der Polizei über die Justiz vollendet hat«, seine Befugnisse, wie der nicht weniger gefürchtete Kriminaldirektor Wilhelm Stieber schrieb, der selbst 1860 für einige Tage in die Stadtvogtei geriet und den Dienst quittieren musste. Hinckeldey nannte der Berliner Presse »von Zeit zu Zeit Gegenstände, deren Besprechung ihm nicht wünschenswert war«, und gründete 1851/52 den Polizeiverein der deutschen Länder, dessen Hauptzweck »die Ausspähung, Prävention und Bekämpfung jeglicher oppositionell erachteter Bestrebungen« war. Erstmals tauschten die Polizeichefs der Länder alphabetische Fahndungslisten vor allem politischer Straftäter aus.

Im Prozess von 1849 gegen den Führer der Linken in der Nationalversammlung, den Obertribunalrat Leo Waldeck, musste sich der bloßgestellte und um so trotziger auftretende Polizeipräsident allerdings vom Vorsitzenden sein »unschickliches« Benehmen vorwerfen lassen. Hinckeldey hatte gegen Waldeck eine billige Intrige mit gefälschten Briefen des Spitzels Ohm entfacht. Waldeck wurde freigesprochen.

Ab August 1854 war Hinckeldey Generalpolizeidirektor und damit gemäß der revidierten Städteordnung auch Vorgesetzter des Berliner Bürgermeisters. Mit dem Unternehmer Ernst Litfaß schloss er im gleichen Jahr einen Vertrag über einhundertfünfzig aufzustellende Reklamesäulen, da ihm das unzensierte öffentliche Plakatieren schon seit 1848 ein Dorn im Auge war. Dreißig der Litfaßsäulen sollten als Urinale, so genannte »Einmann-Pissoirs«, dienen, wurden aber nicht gebaut. Die Berliner nannten ihren Polizeipräsidenten deshalb gerne Pinkel-Bey und spotteten:

> Ach, lieber Vater Hinckeldey
> mach uns für unsre Pinkelei
> doch bitte einen Winkel frei.

Hinckeldey und sein vom Assessor zum Direktor der Kriminalpolizei aufgestiegener Atlatus Dr. Wilhelm Stieber, den Friedrich Engels einen »der elendsten Polizeilumpen des Jahrhunderts« nannte und den Hinckeldey selbst als »dieses verkommene Subjekt« bezeichnete, inszenierten im März 1853 die Entdeckung einiger von Mittelsmännern deponierter Waffen und geringer Mengen Munition in der Maschinenfabrik Hauschild in der Stralauer Straße. Gleichzeitig traten sie mit der Behauptung auf, Verschwörer hätten eine neue Revolution vorbereitet und der »Gesundheitspflegeverein«, ein Sammelbecken der Opposition, begünstige »hochverräterische Komplotte«. Daraufhin wurden 1854 sechs Angeklagte zu mehrjährigen Zuchthausstrafen verurteilt.

Ungeachtet seiner rüden Vorgehensweise war Hinckeldey in seinem Amt ein tatkräftiger und durchaus progressiver Mann. Er schuf die erste Telegrafenanlage für Polizei und Feuerwehr, beauftragte um 1853 erstmals eine englische Firma mit dem Bau einer Kanalisation für Berlin und ernannte am 1. Februar 1851 den Bauinspektor Ludwig Scabell zum königlichen Branddirektor. Scabell, der den schwerfälligen Apparat gründlich reformierte, gilt noch heute als Feuerwehrgenie. Er erfand die optischen und akustischen Signale der Feuerwehr und wurde ein berühmter Mann. Unter Hinckeldey war die Berliner Feuerwehr auch für die Straßenreinigung zuständig. Er ließ Gesindeherbergen, Volksküchen, Bade- und Waschanstalten errichten. Auf seine Initiative geht die erste Wasserleitung von 1853 und der Bau des Wasserwerks vor dem Stralauer Tor zurück.

Und ausgerechnet dieses Urbild eines gewissenhaften preußischen Beamten, ein Vater von sieben Kindern, starb durch eine verbotene Handlung. Hinckeldeys Ehrgeiz, die Polizei dem Militär gleichzusetzen, hatte schon lange den Hass der adligen Offiziersclique um den Kartätschenprinzen Wilhelm (später Wilhelm I.) hervorgerufen. Die Polizeikonstabler grüßten die Offiziere nicht mehr – ein unerhörter Affront gegen den preußischen Adel. So kam es zu einer kalt geplanten Racheaktion der Gardeoffiziere gegen Hinckeldey.

Der Anlass war schnell gefunden. Als oberster Regierungsbeamter war Hinckeldey auch für die Einhaltung des Duellierungsverbots verantwortlich. Dennoch ließ er sich provozieren und forderte selbst einen Gegner zum Duell heraus. Im Juni 1855 hatte Hinckeldey auf Veranlassung seines Monarchen Friedrich Wilhelm IV. dem Leutnant Damm befohlen, eine Sitzung der adligen Glücksspieler im Jockeyclub im Hotel du Nord Unter den Linden aufzulösen. In der Folge wurden zwei der berüchtigtsten Spieler ausgewiesen. Der Generalfeldmarschall Wrangel und Prinz Wilhelm, der spätere deutsche Kaiser, stellten sich gegen Hinckeldey. Der übernahm die volle Verantwortung für die vom König befohlene (!), den Adel brüskierende Aktion. Hans von Rochow, Mitglied des Clubs, war »so wenig damit einverstanden, daß er den Weg der Beschwerde betrat und hierbei Ausführungen machte, welche der General-Polizei-Director als beleidigend für sich ansehen zu müssen glaubte«, wie die Vossische Zeitung schrieb.

Im März 1856 veranstalteten die Hof- und Gardeoffiziere ein so genanntes Karussellreiten, bei dem auch acht Polizeibeamte zugegen waren. Das erschien den hohen Herren und Damen überaus unpassend. Der Polizeipräsident wurde gerufen und musste sich den Eintritt erzwingen. Am Eingang stand Rochow und machte beleidigende Bemerkungen zum Innenminister von Westphalen, mit dem einzigen Ziel, Hinckeldey zum Duell zu veranlassen. Sicherheitshalber standen für die Herausforderung noch zwei andere Offiziere bereit. Mit welchen Worten Rochow ihn beleidigte, ist nicht überliefert. Hinckeldey jedenfalls lief in das offene Messer und forderte Rochow zum Duell. Er rechnete dabei fest auf ein Verbot durch den König, doch der ließ ihn zum wiederholten Mal im Stich. Später gestand er ein: »Ich wußte seit mehreren Tagen, daß es auf die Tötung Hinckeldeys abgesehen war.«

Hinckeldey starb am Montag, dem 10. März 1856 gegen zehn Uhr vormittags in der Jungfernheide in der Nähe des Forsthauses Königsdamm. Der herausgeforderte Todesschütze war der 31-jährige Rittergutsbesitzer, Leutnant a. D. und Mitglied des Preußischen Herrenhauses Hans Wilhelm von Rochow auf Plessow. Er war bekanntermaßen ein vorzüglicher Schütze, während der Polizeipräsident nach den Berichten der Vossischen Zeitung »mit der Pistole nicht umzugehen verstand und überdies durch ein sehr schwaches Gesicht behindert wurde«. Zu deutsch: Er war kurzsichtig wie ein Maulwurf und traf, wie der Berliner sagt, auf zwölf Schritt keen' Möbelwagen. Darin glich er übrigens seinem König, der öfter gegen Bäume lief.

Hinckeldey hatte als Beleidigter den ersten Schuss. Seine Pistole versagte. Mit einer zweiten Waffe verfehlte er Rochow, dessen Kugel ihn allerdings links zwischen der vierten und fünften Rippe in die Brust traf. Der anwesende Arzt, der wenig später einen Bericht darüber veröffentlichte, konnte nicht mehr helfen. Angeblich weinte der König, als man ihm die Nachricht überbrachte.

Rochow stellte sich und wurde in seiner Wohnung Unter den Linden verhaftet. Das Militärgericht verurteilte ihn zu vier Jahren Festungshaft. Durch Druck, den man auf Hinckeldeys Witwe ausübte, begnadigte ihn der König auf deren Fürsprache hin nach einem Jahr. Rochow starb 1892 als Vizepräsident des Preußischen Herrenhauses.

Das Duell und Hinckeldeys Beisetzung auf dem alten Friedhof der Nikolai- und Mariengemeinde an der Prenzlauer Allee, heute Ecke Mollstraße, hielten Berlin tagelang in Atem. Da Hinckeldey »von der Hand des Junkerclubs niedergestreckt« wurde, mutierte er zum Volkshelden, zum Märtyrer gar, der ohne Ansehen der Geburt gehandelt, gegen die verhasste Junkertyrannei angetreten war und sich nie persönlich bereichert hatte. Einhunderttausend Berliner gaben dem Polizeipräsidenten das Geleit. Die für seine hinterbliebene Familie unter anderem von der Berliner Börse angeregte Geldsammlung erbrachte 20 600 Taler – eine für damalige Verhältnisse erstaunliche Summe.

Am Ort des Duells wurde ein Gedenkkreuz aus Sandstein errichtet und zwanzig Jahre später durch ein Granitkreuz ersetzt. In den 50er Jahren des 20. Jahrhunderts restaurierte und versetzte man es in den Volkspark Jungfernheide am Kurt-Schumacher-Damm. Eine Laubenkolonie und die Brücke über den Saatwinkler Damm und den Hohenzollernkanal tragen noch heute den Namen Hinckeldey.

Mordfall Millionen-Schultzin

Als letzter Fall aus dem bürgerlichen Heldenleben sei der Doppelmord an Auguste und Klara Schultze angeführt, der so genannten Gips-Schultzin und ihrer Stieftochter. Die Witwe eines auch Millionen-Schultze genannten Gipsfabrikanten besaß in Berlin mehrere Häuser. In einem davon, Königgrätzer Straße 35, Ecke Bernburger Straße, lebten die beiden Frauen in vorgetäuschter Armut. Am 1. Juli 1897 mietete der Schuhmacher Joseph Gönczi den Eckladen in diesem Haus. Sechs Wochen später, am 14. August, ermordete er die beiden Frauen bestialisch durch Beilhiebe, durchsuchte die Wohnung, nahm Wertpapiere und Schmuck an sich und erzählte überall, die Frauen wären nach Paris gereist. Die Leichen lagen in Kisten unter eigens angeliefertem Sand im Keller unter dem Laden. Als die Polizei sie am 23. August fand, war Gönczi mit seiner Frau und dem gelblich-grauen Wolfsspitz Butzi längst per D-Zug auf Umwegen nach Brüssel getürmt, wo sich seine Spur verlor.

Gönczi, 1852 in Siebenbürgen geboren, war bereits 1880 in Wien zu vier Jahren Zuchthaus verurteilt worden. Er kam 1892 nach Berlin und wohnte hier mit seiner »stark abgemagerten Frau mit Kropfhals« und einer angeblichen »Stieftochter« in der Mühlenstraße 4.

Die Beisetzung der Ermordeten fand am 26. August auf dem Friedhof der Domgemeinde in der Liesenstraße statt, um den sich eine vieltausendköpfige Menge drängte.

Zwei Jahre später, im September 1899, erreichte das Berliner Polizeipräsidium ein Telegramm des Konsuls Vever aus Rio der Janeiro, Gönczi und Frau wären dort ergriffen worden, nachdem jemand den Hund (!) erkannt und beim Namen gerufen hatte. Das Ehepaar wurde im November über Hamburg ausgeliefert und in das Untersuchungsgefängnis Moabit eingeliefert. Am 3. April 1900 begann die Hauptverhandlung vor dem Schwurgericht Moabit. Gönczi bestritt jede Schuld und behauptete mit ungeheurer Beredsamkeit, ein gewisser Weinhändler Leo Lövy hätte eine intime Beziehung zu (der 51-jährigen, an nervösem Gesichtszucken und Speichelfluss leidenden) Klara Schultze unterhalten. Lövy habe die Frauen ermordet. Außerdem belastete Gönczi den Gastwirt Hinz als angeblichen Zeugen und schließlich sogar als Täter. Er blieb bis zum Schluss bei seinen abstrusen Anschuldigungen. Dennoch verurteilte ihn das Gericht zum Tode. Am 7. Dezember 1900 morgens wurde er im Hof des Strafgefängnisses Plötzensee hingerichtet.

Literatur

Bahl, Peter: Der Hof des Großen Kurfürsten, Köln/Weimar/Wien 2001

Berger, Joachim: Berlin – freiheitlich und rebellisch, Berlin o. J.

Berliner Bezirkslexikon Mitte, Berlin 2001

Berliner Straßennamen Mitte, Berlin 1995

Berlinische Monatsschrift, Berlin 1992 ff.

Berlins (un)heimliche Sehenswürdigkeiten, Berlin o. J.

Boberg/Fichter/Gillen: Industriekultur in Berlin, München 1986

Borrmann: Bauwerke und Kunstdenkmäler von Berlin, Berlin 1982

Brenndicke: Führer durch Alt-Berlin, Berlin 1921

Brenner, Wolfgang: Stieber, Frankfurt am Main 1997

Cyran, Eberhard: Das Schloß an der Spree, Berlin 1995

Die weiße Frau, Berlin 1798

Drewitz, Ingeborg: Märkische Sagen, Düsseldorf/Köln 1979

Dronke, Ernst: Berlin, Berlin 1987

Eik, Jan: Kurisches Gold, Hamburg 2002

Etzold, A. u. a.: Jüdische Friedhöfe in Berlin, Berlin 1987

Fahr, M.-S.: Pitaval Scheunenviertel, Berlin 1995

Feldmann, Sylvia: Weiße Frau und Wassermann, Berlin 2000

Fidicin: Geschichte Berlins, Berlin 1842

Gottschalk (Hg.): Alt-Berlin, Historische Fotografien, Leipzig 1987

Kaiser/Moc/Zierholz: Das Richtschwert traf ..., Berlin 1979

Kaiser/Moc/Zierholz: Ein schöner Sarg und keine Leiche, Berlin 1983

Kaiser/Moc/Zierholz: Nach Spandow bis zur Beßerung, Berlin 1983

Kaiser/Moc/Zierholz: Der Henker in der Staatskarosse, Berlin 1987

Kaul, Friedrich Karl: Berliner Pitaval, Berlin 1985

Kieling, Uwe: Berlin. Baumeister und Bauten, Berlin 1987

Kiessig, Inge: Berliner Sagen, Berlin o. J.

Kisch, Egon Erwin: Mein Leben für die Zeitung, Berlin 1983

Knobloch, Heinz: Alte und neue Berliner Grabsteine, Berlin 2000

Kordon, Klaus: Der Ritter im Sack, Berlin 1987

Kroll, F.-L. (Hg.) Preußens Herrscher, München 2000

Lange, Annemarie: Berlin zur Zeit Bebels ..., Berlin 1980

Lederer, F.: Schönes altes Berlin, Berlin o. J.

Leonhardt/Schurich: Berlin mörderisch, Berlin 1999

Löwenthal, Heinrich: Der goldene Galgen, Berlin 1951

Löwenthal, Heinrich: Der verschwundene Lord, Berlin 1952

Ludwig, Hans: Altberliner Bilderbogen, Berlin 1987

Mende, Hans-Jürgen (Hg.): Berlin Kalender, Berlin 1994 ff.

Meyer's neues Konversations-Lexikon, Hildburghausen 1869 ff.

Monke: Berliner Sagen und Erinnerungen, Leipzig 1926

Mostar/Stemmle (Hg.): Der Wolfsmensch, Lausanne o. J.

Neheimer, Kurt: Michael Kohlhaas, Berlin 1979

Nelson, W. H.: Die Hohenzollern, München 1996

Neumann, Hans-Joachim: Friedrich I., Berlin 2001

Neumann, Siegfried: Sagenhaftes Berlin, Kreuzlingen/München 2000

Nicolai, Friedrich: Beschreibung der königlichen Residenzstadt Berlin, Berlin 1786

Pomplun, Kurt: Das Große Berlin-Buch, Berlin 1985

Pomplun, Kurt: Berlins alte Sagen, Berlin 1985

Rasch, Gustav: Berlin bei Nacht, Berlin 1986

Schmidt, Jacob: Sammlung Berlinischer Merck- und Denckwürdigkeiten, Berlin 1730

Schmidt, Maximilian: Julius Krautz, Berlin 1893

Schneider, W.: Berlin, Leipzig/Weimar 1980

Streckfuß, Adolf: 500 Jahre Berliner Geschichte, Berlin 1900

Wegweiser durch das jüdische Berlin, Berlin 1987

Woeller, Waltraud: Berliner Sagen, Berlin 1980

Wolf, Tom: Rabenschwarz. Zepter und Mordio, Berlin 2002

Worm, Hardy: Rund um den Alexanderplatz, Berlin 1981

Personenregister

Die Hohenzollernherrscher in Brandenburg-Preußen

Friedrich I. (VI.) Burggraf von Nürnberg (1371–1440, KF 1417–25)

Friedrich II. Eisenzahn
(1413–71, KF 1440–70)

Albrecht III. Achilles
(1414–86, KF ab 1470)

Johann Cicero (1455–99, R ab 1470, KF ab 1486)

Joachim I. Nestor (1484–1535, KF ab 1499)

Joachim II. Hektor (1505–71, KF ab 1535)

Johann Georg (1525–98, KF ab 1571)

Joachim Friedrich (1546–1608, KF ab 1598)

Johann Sigismund (1572–1619, KF ab 1608)

Georg Wilhelm (1595–1640, KF ab 1619)

Friedrich Wilhelm, der Große Kurfürst (1620–88, KF ab 1640)

Friedrich III. (I.), der Schiefe Fritz
(1657–1713, KF ab 1688, K in Preußen ab 1701)

Friedrich Wilhelm I., der Soldatenkönig (1688–1740, K ab 1713)

Friedrich II. der Große (1712–86, K ab 1740)   August Wilhelm (1722–58)

Friedrich Wilhelm II., der dicke Wilhelm (1744–97, K ab 1786)

Friedrich Wilhelm III. (1770–1840, K ab 1797)

Friedrich Wilhelm IV.
(1795–1861, K ab 1840)

Wilhelm I. (1797–1888,
R ab 1858, K ab 1861, Kaiser ab 1871)

Friedrich III. (1831–88, Kaiser 1888)

Wilhelm II. (1859–1941, Kaiser 1888–1918)

KF = Kurfürst; R = Regent; K = König